entry

교육에 바로 활용가능한

엔트리 콘텐츠 모음

누구나 쉽고 재미있게 배울 수 있는 소프트웨어!

편집부

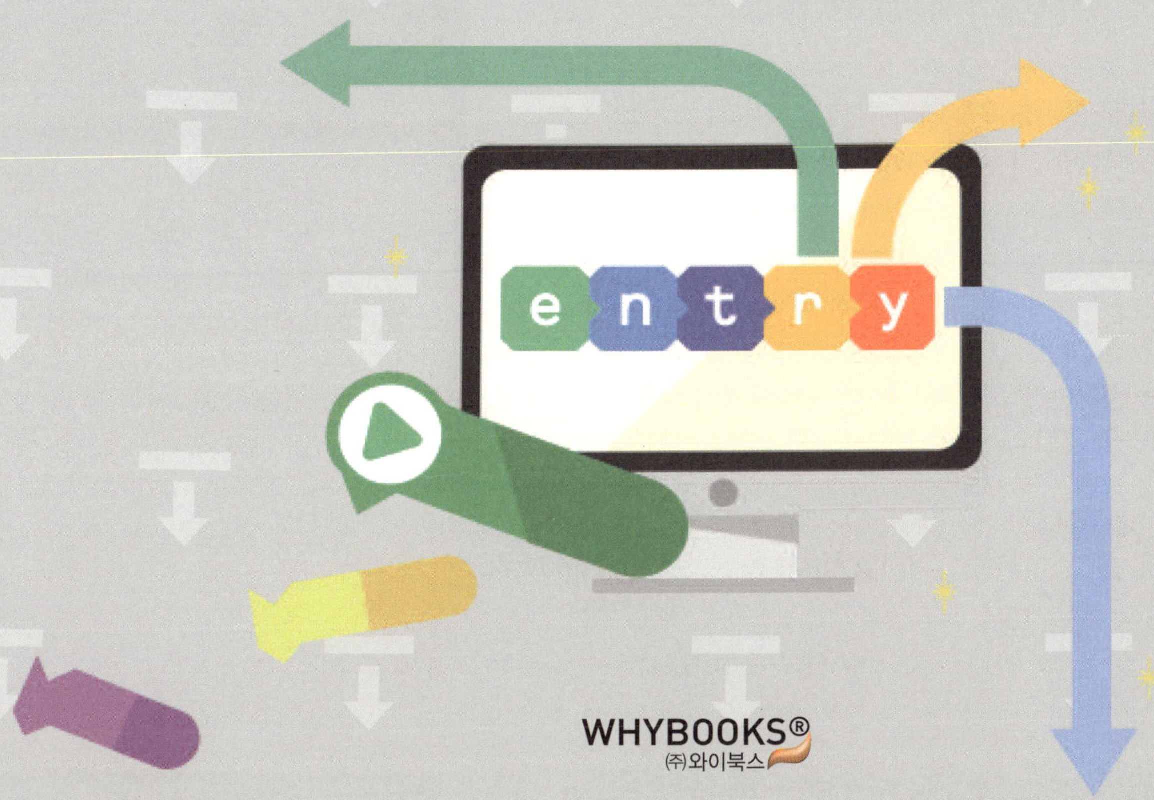

WHYBOOKS®
㈜와이북스

책자 사용법 안내

본 책자는 엔트리로 만들 수 있는 다양한 작품을 5개 영역으로 정리한 자료입니다.

본 책자의 페이지는 크게 '영역별 작품 분류 페이지'와 '각 작품 상세 페이지'로 나눠집니다. 영역별 작품 분류 페이지에서는 동일한 영역에 속한 작품이 난이도가 쉬운 것부터 어려운 순서로 나열되어 있습니다.

영역

게임	애니메이션	미술/음악	수학/과학	생활/학습

난이도

단계	대상	개념
1 단계 ★	초등 중학년~	순차/반복/조건/이벤트/신호
2 단계 ★★	초등 고학년~	복제/신호의 응용/변수/비교연산/중첩조건/문자열(합치기)
3 단계 ★★★	중학교 이상~	중첩조건의 응용/논리연산/리스트/함수/문자열의 활용

또 작품 분류 페이지에서는 각 작품의 '이미지', '제목', 해당 작품을 자세히 살펴볼 수 있는 '상세 페이지 번호'와 함께 난이도, 사용된 특징적인 개념, 실행할 수 있는 주소가 제공되고 있습니다.

작품 상세 페이지에서는 작품에 대한 상세한 설명과 만드는데 사용된 핵심코드, 스마트폰에서 바로 실행할 수 있는 QR코드가 제공되고 있습니다.

1. 쥐잡기 게임	115p
난이도	★
개념	순차/반복/조건/신호
주소	http://goo.gl/4Jx5jZ

엔트리를 처음 접하는 선생님께서는 아래 주소에 접속하시면 기본 사용법(접속, 회원가입, 작품 만들기, 저장 및 공유하기)을 익힐 수 있습니다.

- **동영상** 〈소프트웨어란 무엇일까? (엔트리와의 첫 만남)〉
  tvcast.naver.com/v/547886
- **파워포인트** 〈엔트리 교사연수- 엔트리 초급〉
  slideshare.net/entrylabs/4-53812915

영역별 작품 분류

게임

1. 쥐잡기 게임	8p
난이도	★
개념	순차/반복/조건/신호
주소	http://goo.gl/4Jx5jZ

2. 미로 탈출 게임	9p
난이도	★
개념	순차/반복/조건/이벤트/신호
주소	http://goo.gl/CW2eBa

3. 원숭이 옷입히기 놀이	10p
난이도	★★
개념	순차/이벤트/신호
주소	http://goo.gl/GclfDO

4. 달리기 게임	11p
난이도	★★
개념	순차/반복/조건/신호
주소	http://goo.gl/P2SsNO

5. 텔레파시 게임	13p
난이도	★★
개념	조건/비교연산/중첩조건/변수
주소	http://goo.gl/REQ5Pv

6. 두더지 잡기 게임	14p
난이도	★★
개념	비교연산/이벤트/변수/문자열
주소	http://goo.gl/hByfvU

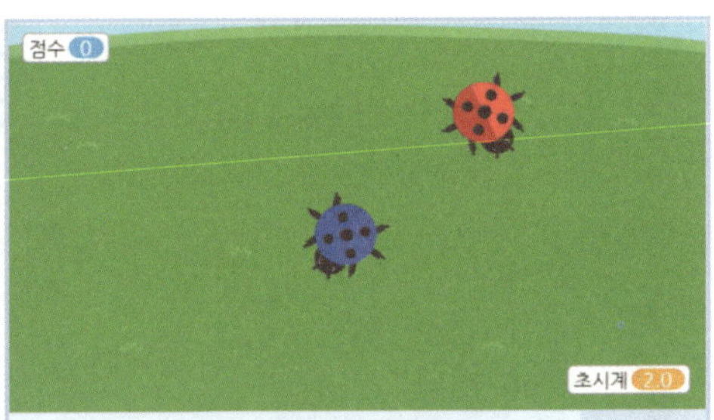

7. 벌레 잡기 게임	15p
난이도	★★
개념	이벤트/신호/변수/비교연산
주소	http://goo.gl/12l2Kc

8. 바다낚시 게임	17p
난이도	★★
개념	이벤트/변수/비교연산/문자열
주소	http://goo.gl/YiN71t

9. 칠교놀이	19p
난이도	★★
개념	이벤트/변수/비교연산
주소	http://goo.gl/JT4wOM

10. 축구공을 구해라 20p

난이도	★★
개념	변수/중첩조건/비교연산
주소	http://goo.gl/urk3Vk

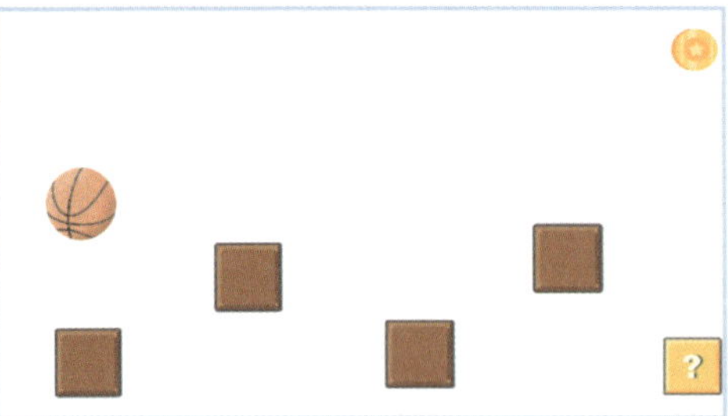

11. 바운스볼 게임 22p

난이도	★★
개념	조건/논리연산/변수
주소	http://goo.gl/VYPtyd

12. 선생님 몰래 춤추기 게임 24p

난이도	★★★
개념	비교연산/변수/신호/논리연산
주소	http://goo.gl/F8lvTL

13. 고추 피하기 게임 26p

난이도	★★★
개념	비교연산/변수/복제/문자열
주소	http://goo.gl/VSD8Wa

14. 승부차기 게임 28p

난이도	★★★
개념	변수/신호/논리연산/비교연산
주소	http://goo.gl/Q1GKUz

15. 엔트리런 게임 30p

난이도	★★★
개념	복제/변수/비교연산/중첩조건
주소	http://goo.gl/Q9ZMZR

애니메이션

1. 다짐하는 소년 32p

난이도	★
개념	순차
주소	http://goo.gl/Q9klyr

2. 달리는 곰과 강아지 33p

난이도	★
개념	순차/반복
주소	http://goo.gl/tLJhZi

3. 동물 가족 이야기 34p

난이도	★★
개념	순차/반복/이벤트/신호
주소	http://goo.gl/wkCxAC

4. 고슴도치 이야기 36p

난이도	★★
개념	순차/신호
주소	http://goo.gl/FUIG3d

5. 사진으로 동영상 만들기 38p

난이도	★★
개념	조건/이벤트/변수/비교연산
주소	http://goo.gl/MIS613

6. 물 위를 걷는 펭귄 39p

난이도	★★★
개념	반복/조건/비교연산
주소	http://goo.gl/kZUkiy

미술/음악

1. 꽃 만들기 40p

난이도	★
개념	순차/반복
주소	http://goo.gl/RcFjUo

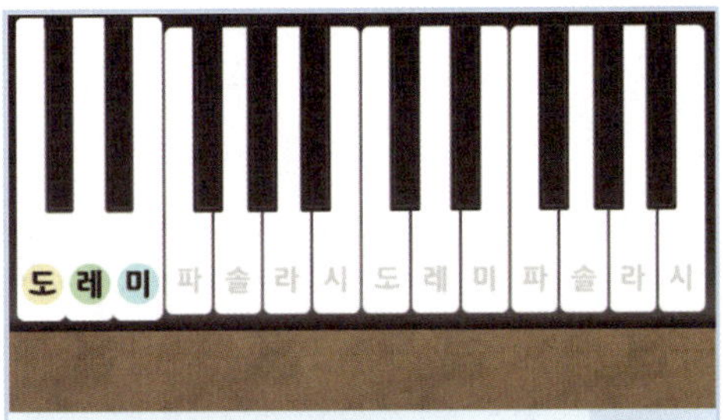

2. 전자 피아노 41p

난이도	★
개념	순차/이벤트
주소	http://goo.gl/Nhm5sK

3. 전자 드럼 42p

난이도	★
개념	순차/이벤트
주소	http://goo.gl/BUx9il

4. 물고기 움직이기 43p

난이도	★
개념	순차/반복
주소	http://goo.gl/jzlWpr

5. 랜덤 그림 만들기 44p

난이도	★
개념	순차/반복
주소	http://goo.gl/tGsB2Y

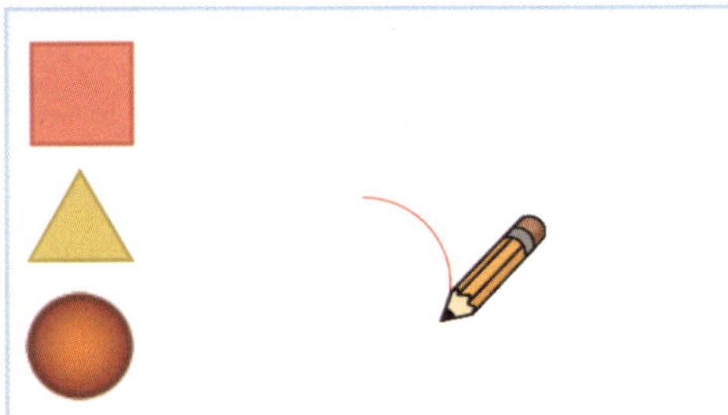

6. 도형그리기 45p

난이도	★★
개념	순차/반복/이벤트/신호
주소	http://goo.gl/6S1LK4

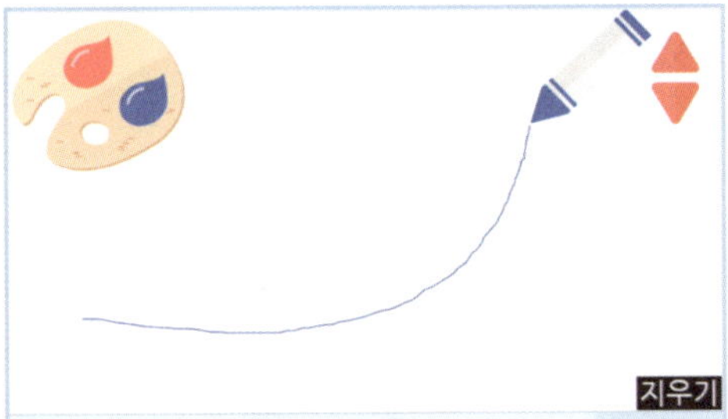

7. 그림판 만들기 46p

난이도	★★
개념	순차/반복/이벤트/신호
주소	http://goo.gl/6EnILX

8. 미디어 아트 〈1〉 47p

난이도	★★
개념	순차/반복/이벤트/신호
주소	http://goo.gl/5ZmvE5

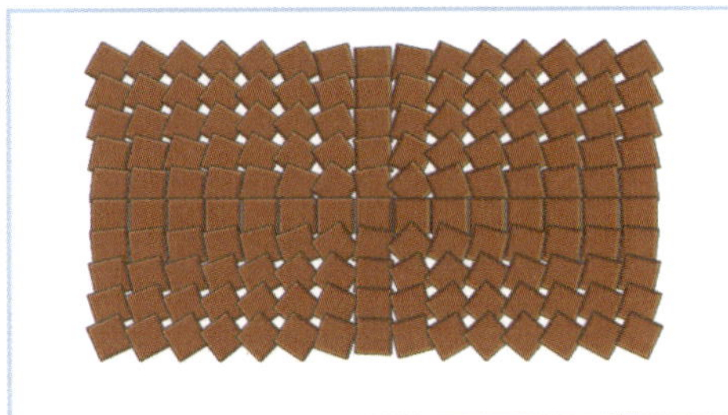

9. 미디어 아트 〈2〉 48p

난이도	★★
개념	순차/반복/이벤트/복제
주소	http://goo.gl/BfupQ6

10. 계이름 맞히기 49p

난이도	★★★
개념	순차/조건/변수/비교연산
주소	http://goo.gl/s5HTo2

11. 사진첩 만들기 50p

난이도	★★★
개념	이벤트/신호/비교연산/변수
주소	http://goo.gl/ajMQcc

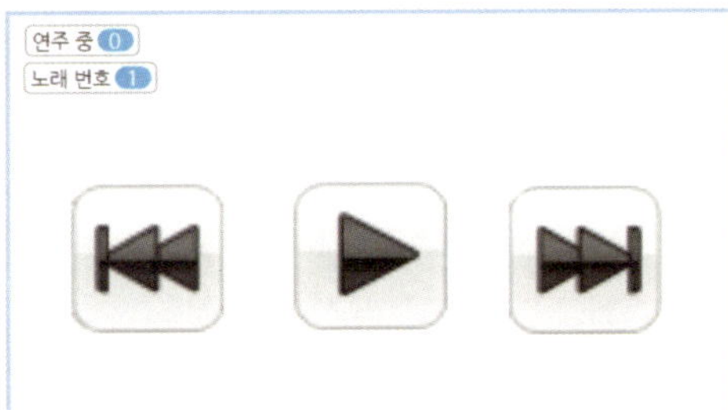

12. 음악 플레이어 51p

난이도	★★★
개념	이벤트/신호/비교연산
주소	http://goo.gl/MW6MwT

수학/과학

1. 달의 위상 변화 52p

난이도	★
개념	순차/반복
주소	http://goo.gl/MdJszv

2. 행성의 움직임 53p

난이도	★
개념	순차/이벤트
주소	http://goo.gl/uaegnS

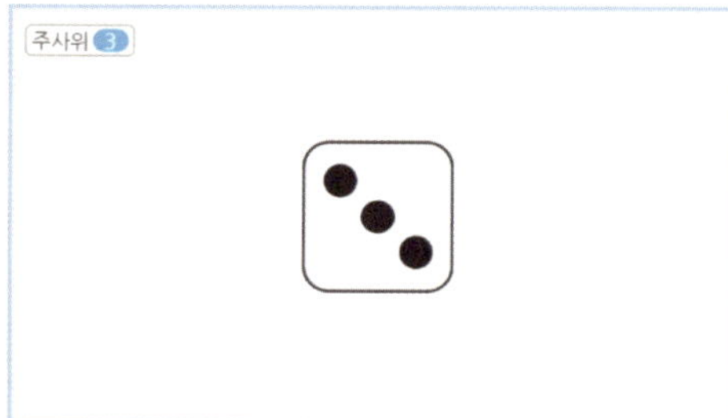

3. 주사위 프로그램 54p

난이도	★
개념	순차/이벤트/반복/변수
주소	http://goo.gl/3LoI5R

4. 덧셈로봇 만들기 55p

난이도	★
개념	순차/변수/문자열
주소	http://goo.gl/9jwRLx

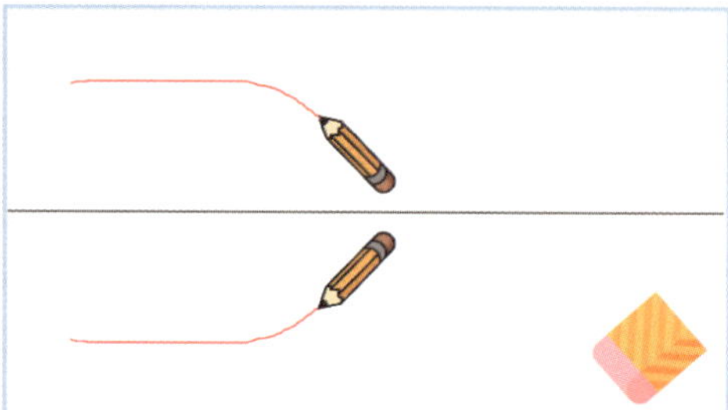

5. 상하대칭 도형 그리기 56p

난이도	★★
개념	순차/반복/이벤트/복제/신호
주소	http://goo.gl/Rf4yOe

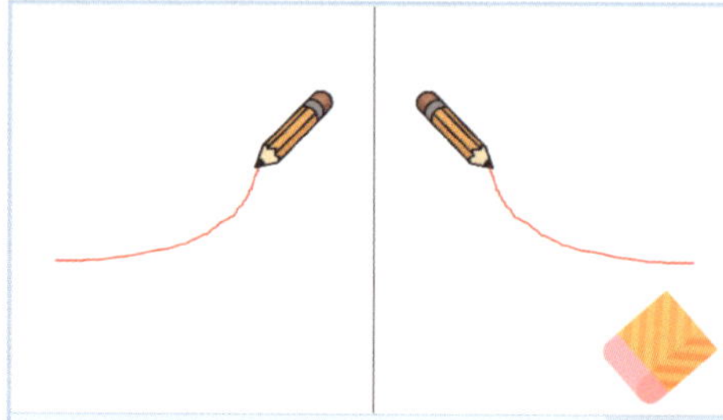

6. 좌우대칭 도형 그리기 57p

난이도	★★
개념	순차/반복/이벤트/복제/신호
주소	http://goo.gl/qaX0yd

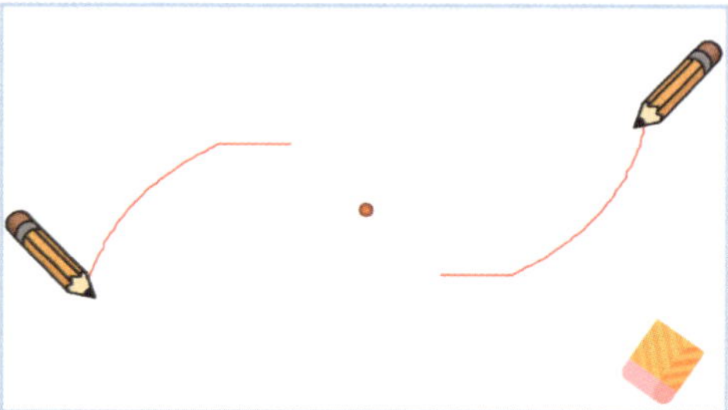

7. 점대칭 도형 그리기 58p

난이도	★★
개념	순차/반복/이벤트/복제/신호
주소	http://goo.gl/LLLz4u

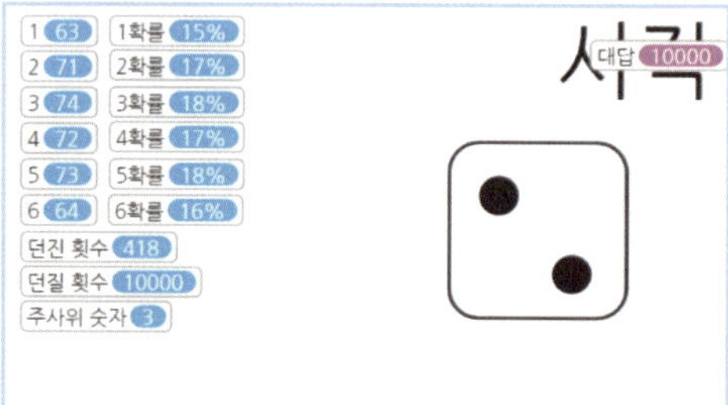

8. 주사위 확률 구하기 59p

난이도	★★★
개념	신호/비교연산/변수/문자열
주소	http://goo.gl/592O3A

9. 성적 평균 계산기 61p

난이도	★★★
개념	변수/비교연산/리스트/문자열
주소	http://goo.gl/gRIiXg

10. 약수 구하기 62p

난이도	★★★
개념	조건/변수/비교연산/리스트
주소	http://goo.gl/qvGKc8

11. 중력 시뮬레이션 63p

난이도	★★★
개념	조건/신호/변수/중첩조건
주소	http://goo.gl/2c8gcf

12. 대포 시뮬레이션 64p

난이도	★★★
개념	반복/조건/이벤트/신호/변수
주소	http://goo.gl/xsbwJb

생활/학습

1. 로봇 청소기(쉬운 버전) 66p

난이도	★
개념	순차/조건/반복
주소	http://goo.gl/RS7Unl

2. 자동문 시뮬레이션 67p

난이도	★
개념	순차/반복/조건/신호
주소	http://goo.gl/SYgFEs

3. 전자 도어락 68p

난이도	★★
개념	순차/반복/조건/변수/비교연산
주소	http://goo.gl/vrXiCd

4. 투표 프로그램 69p

난이도	★★
개념	이벤트/신호/변수/비교연산
주소	http://goo.gl/nd3S38

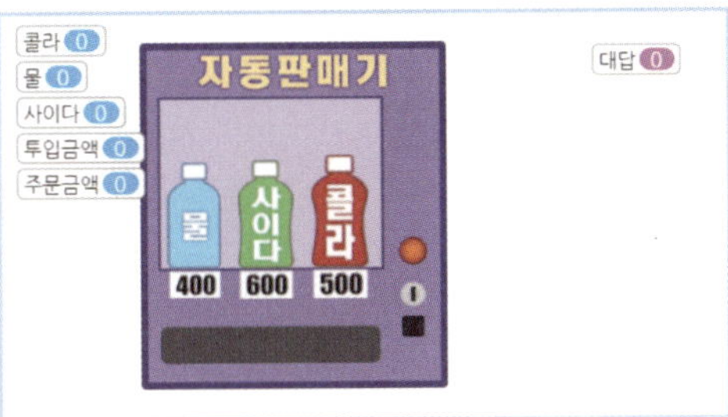

5. 자판기 시뮬레이션 71p

난이도	★★
개념	중첩조건/비교연산/문자열
주소	http://goo.gl/5vbt2g

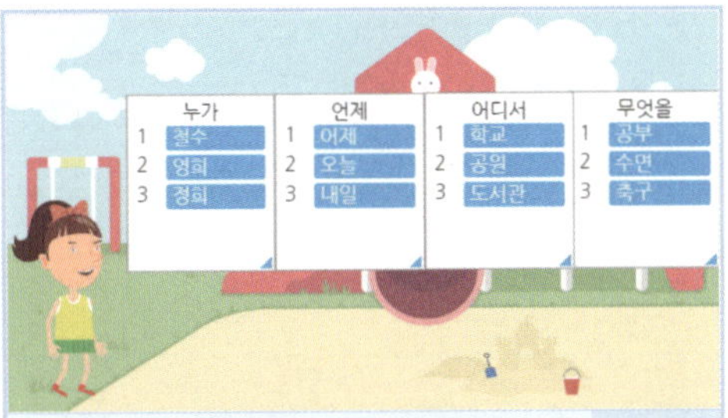

6. 이야기 만들기 73p

난이도	★★
개념	이벤트/변수/리스트/문자열
주소	http://goo.gl/KMZFQh

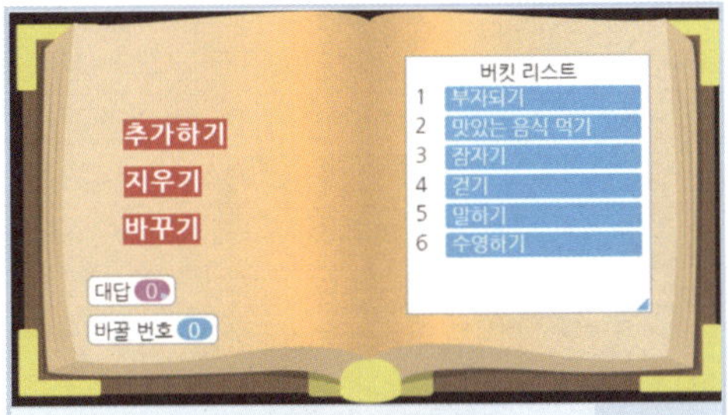

7. 버킷리스트 만들기 74p

난이도	★★
개념	순차/이벤트/변수/리스트
주소	http://goo.gl/rNDvaA

8. 주차 연습 시뮬레이션 75p

난이도	★★★
개념	순차/반복/조건/논리연산
주소	http://goo.gl/fPxRM0

9. 발표자 2명 뽑기 76p

난이도	★★★
개념	순차/반복/이벤트/변수/리스트
주소	http://goo.gl/yUbX3y

10. 퀴즈 만들고 맞추기 77p

난이도	★★★
개념	신호/변수/비교연산/리스트
주소	http://goo.gl/fM9vh9

11. 도서관 책 검사하기 79p

난이도	★★★
개념	조건/비교연산/변수/리스트
주소	http://goo.gl/o8UDI0

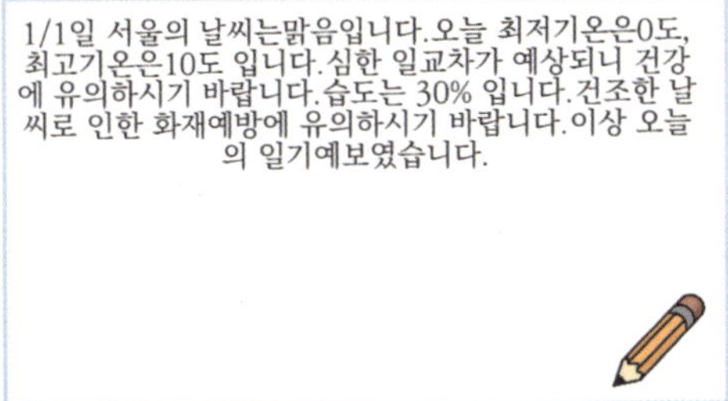

12. 자동 일기예보 시스템 80p

난이도	★★★
개념	신호/변수/비교연산/문자열
주소	http://goo.gl/CLxsbM

취잡기 게임

http://goo.gl/4Jx5jZ

마우스로 고양이를 움직여 돌아다니는 쥐를 잡는 게임입니다.

게임이 시작되면 화면에 쥐와 고양이가 나타납니다. 쥐는 사방팔방으로 움직이며 고양이는 마우스 위치에 놓이게 됩니다. 사용자는 마우스를 움직여 돌아다니는 쥐를 잡을 수 있습니다. 쥐를 잡게 되면 쥐는 없어지게 됩니다.

영역/난이도	게임 / ★
사용개념	순차 / 반복 / 조건 / 신호

고양이 오브젝트

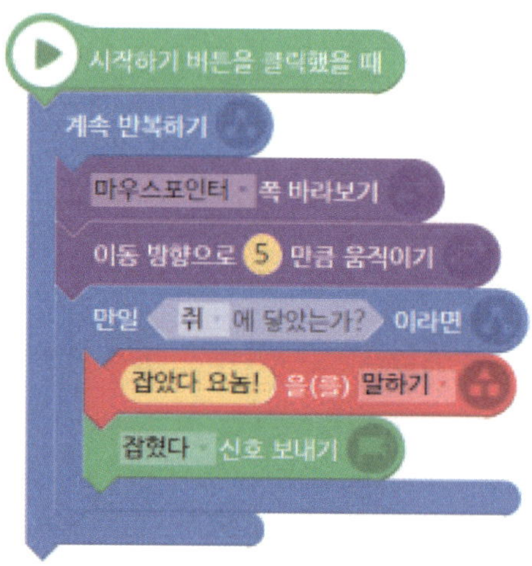

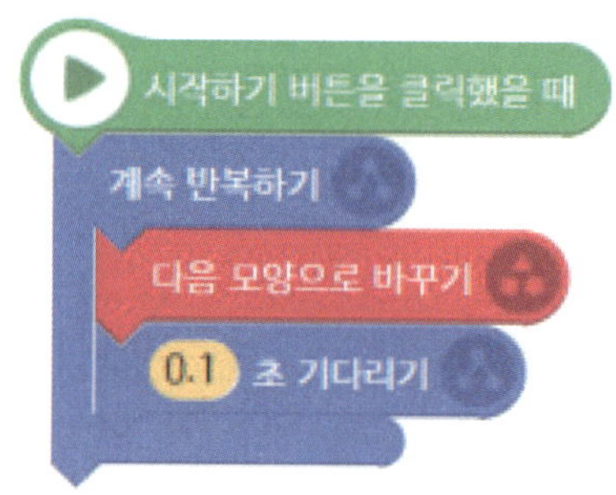

쥐 오브젝트

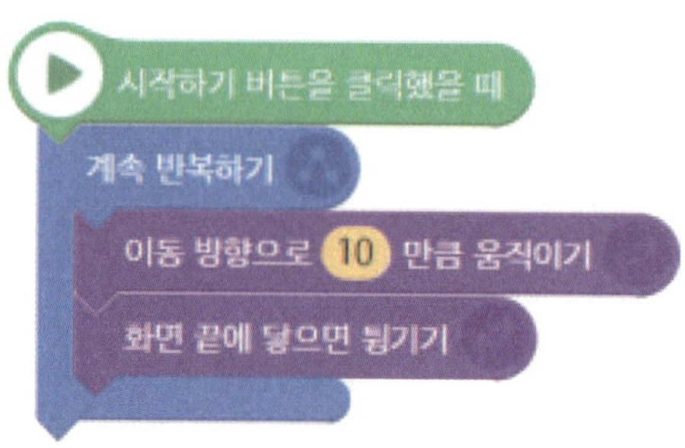

미로 탈출 게임

http://goo.gl/CW2eBa

키보드로 캐릭터를 움직여서 목표지점에 도달하는 게임입니다.

게임이 시작되면 미리 정해진 미로 안에 두 개의 캐릭터가 배치가 됩니다. 사용자는 경찰차 모양의 캐릭터를 키보드 방향키로 움직여서 좀비모양의 캐릭터 위치까지 움직입니다. 움직이는 도중에 미로에 닿게 되면 다시 초기 위치로 이동하게 되며 좀비모양의 캐릭터 위치에 도착하게 되면 게임은 종료됩니다.

영역/난이도	게임 / ★
사용개념	순차 / 반복 / 조건 / 이벤트 / 신호

경찰차 오브젝트

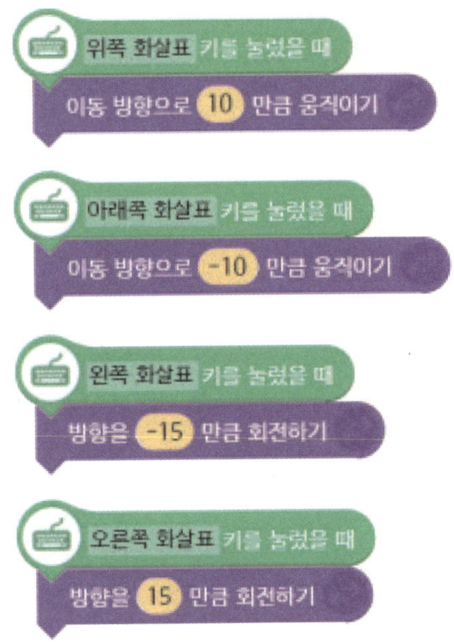

좀비 오브젝트

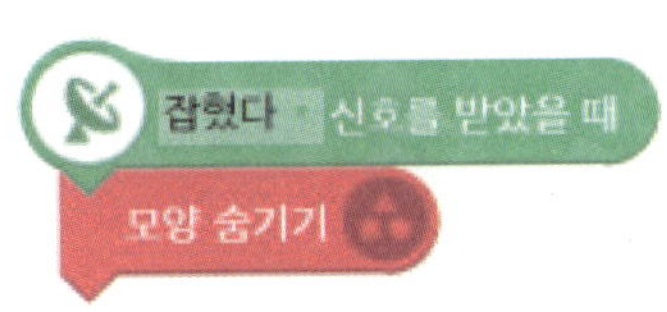

원숭이 옷 입히기 놀이

http://goo.gl/GclfDO

마우스로 원숭이에게 다양한 옷을 입히는 게임입니다. 화면에는 원숭이가 입을 수 있는 옷 오브젝트가 여러개가 있습니다. 이 여러개의 옷 중에 하나를 골라 마우스를 클릭을 합니다. 클릭한 옷은 원숭이에게 붙어 마치 원숭이가 옷을 입은 듯한 효과를 보여줍니다.

영역/난이도	게임 / ★★
사용개념	순차 / 이벤트 / 신호

사과 오브젝트

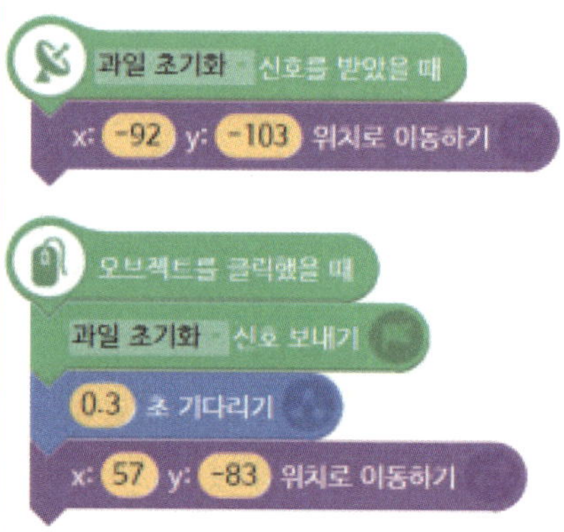

모자1 오브젝트

바나나 오브젝트

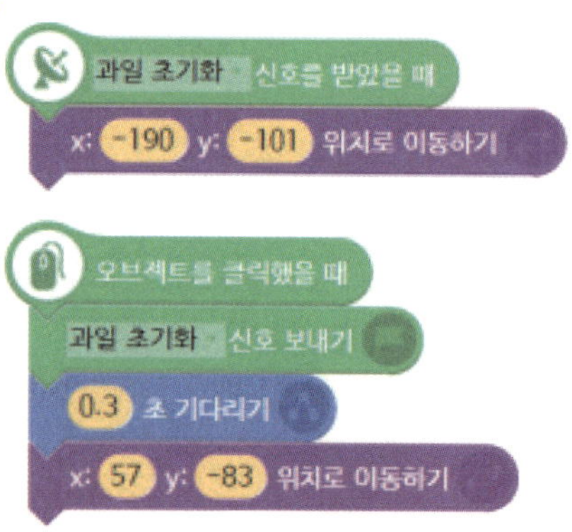

모자2 오브젝트

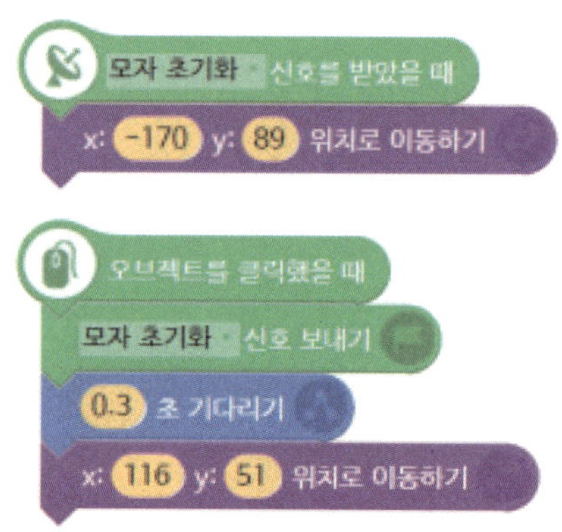

달리기 게임

http://goo.gl/P2SsNO

키보드로 캐릭터를 움직여서 달리기시합을 하는 게임입니다.

화면에는 두개의 캐릭터가 놓여져 있습니다. 위에 있는 캐릭터는 달리기시합을 겨룰 상대인 컴퓨터이고 아래에 있는 캐릭터는 우리가 움직일 주인공입니다. 키보드의 좌우키를 빠르게 입력하여 달리기 속도를 증가시켜 컴퓨터보다 빠르게 화면오른쪽에 도착하면 게임에서 이기게 되고 컴퓨터보다 느리게 도착하면 게임에서 지게 됩니다.

영역/난이도	게임 / ★★
사용개념	순차 / 반복 / 조건 / 신호

소년 오브젝트

아빠 오브젝트

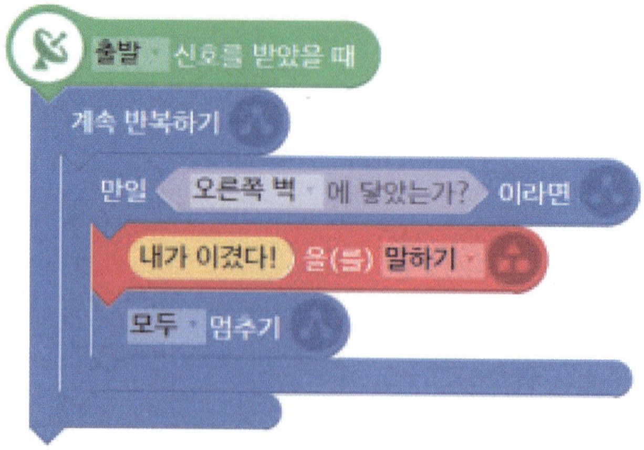

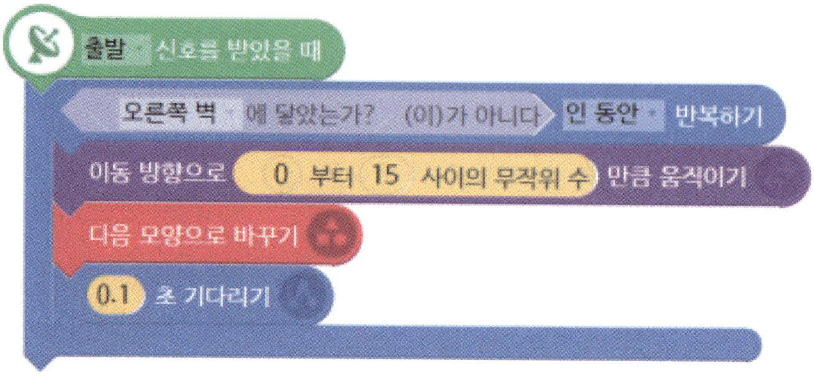

엄마 오브젝트

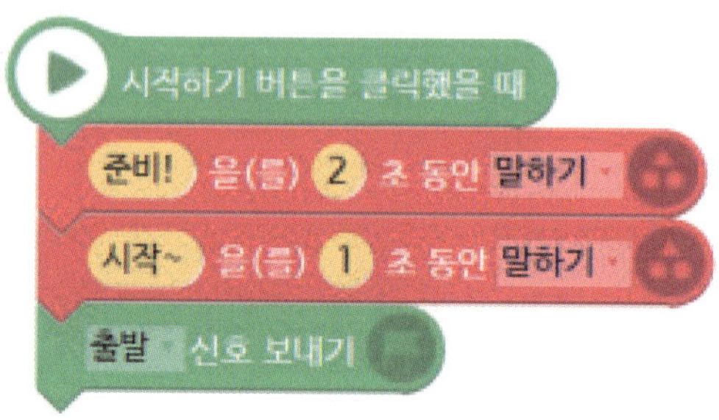

텔레파시 게임

http://goo.gl/REQ5Pv

두 가지 중 하나를 고르는 질문에 답하여 서로 통하는지 통하지 않는지 확인하는 게임

게임이 시작되면 컴퓨터는 사용자에게 두 가지 요소 중에 하나를 고를 수 있도록 질문을 합니다. 사용자는 둘 중에 하나를 골라 키보드로 입력하고 입력한 값이 컴퓨터가 고른것과 일치하는지 일치하지 않는지 판단합니다.

영역/난이도	게임 / ★★
사용개념	순차 / 조건 / 비교연산 / 중첩조건 / 변수

엔트리봇 오브젝트

*위 코드는 원래 하나의 덩어리이며 편집 과정상 두 부분으로 나누었습니다.

두더지 잡기 게임

http://goo.gl/hByfvU

마우스로 갑자기 튀어나온 두더지를 잡는 게임입니다.
주어진 시간동안 화면에 두더지가 임의의 시간간격으로 임의의 위치에서 잠깐 나왔다가 다시 없어집니다. 두더지가 잠깐 나왔을때 두더지의 위치에 마우스를 클릭하여 두더지를 잡습니다. 두더지를 잡게 되면 점수가 올라가고 주어진 시간이 경과되면 최종점수가 출력되고 게임이 종료됩니다.

영역/난이도	게임 / ★★
사용개념	순차 / 반복 / 조건 / 비교연산 / 이벤트 / 변수 / 문자열(합치기)

두더쥐 오브젝트

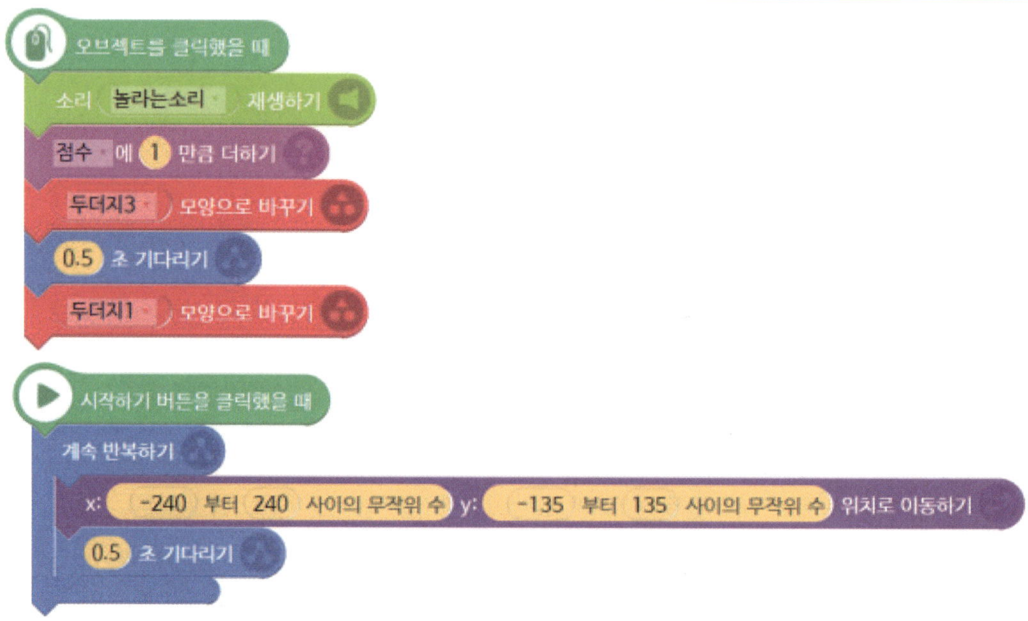

움집 오브젝트

벌레 잡기 게임

http://goo.gl/12I2Kc

방향키로 세가지 색의 벌레를 잡는 게임

게임이 시작되면 주어진 시간동안 세가지 색의 벌레가 임의로 나타났다가 없어집니다. 벌레가 나타났을 때 해당 색깔에 따라 키보드 방향키를 눌러서 벌레를 제거합니다(왼-빨강, 위-노랑, 오-파랑) . 색깔에 맞게 벌레를 제거한다면 점수가 올라가게 되며 색깔에 맞지 않은 방향키를 눌렀을 때에는 점수가 내려가게 됩니다. 주어진 시간이 경과되면 최종점수가 출력되고 게임이 종료됩니다.

영역/난이도	게임 / ★★
사용개념	순차 / 반복 / 조건 / 이벤트 / 신호 / 변수 / 비교연산

글상자

점수 오브젝트

잔디밭 오브젝트

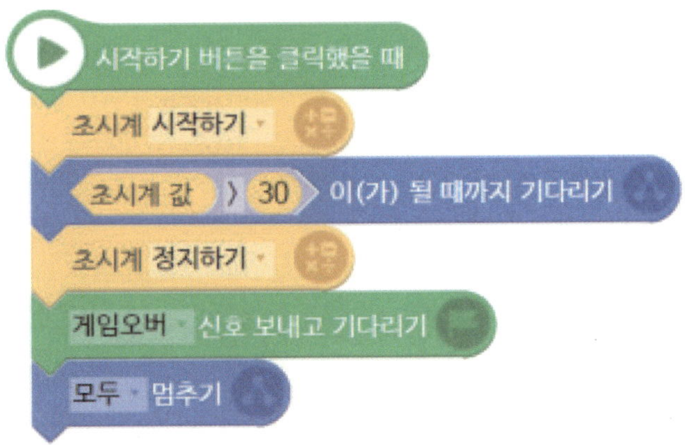

무당벌레 오브젝트

*위 코드는 빨간 무당벌레의 코드이며 다른 색깔의 무당벌레는 "빨간벌레" 단어가 들어있는 블록을 각각 색깔에 맞는 벌레로 바꿔주시면 됩니다.

바다낚시 게임

마우스를 이용하여 바다에 있는 물고기를 잡는 게임입니다. 게임을 시작하면 서로 다른 종류의 물고기들이 바다에 둥둥 떠있습니다. 마우스를 이용하여 둥둥 떠다니는 물고기를 클릭하면 물고기는 없어지게 되고 점수가 올라갑니다. 물고기를 다 잡게 되면 게임이 종료됩니다.

http://goo.gl/REQ5Pv

영역/난이도	게임 / ★★
사용개념	순차 / 반복 / 이벤트 / 변수 / 비교연산 / 문자열(합치기)

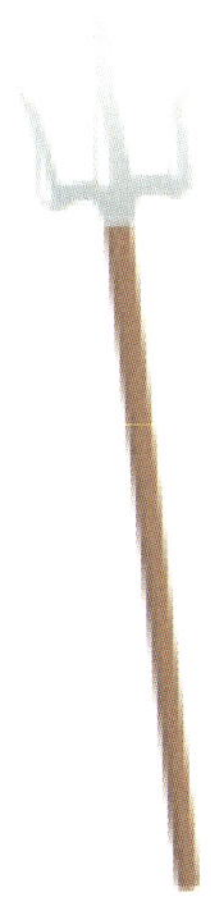

삼지창 오브젝트

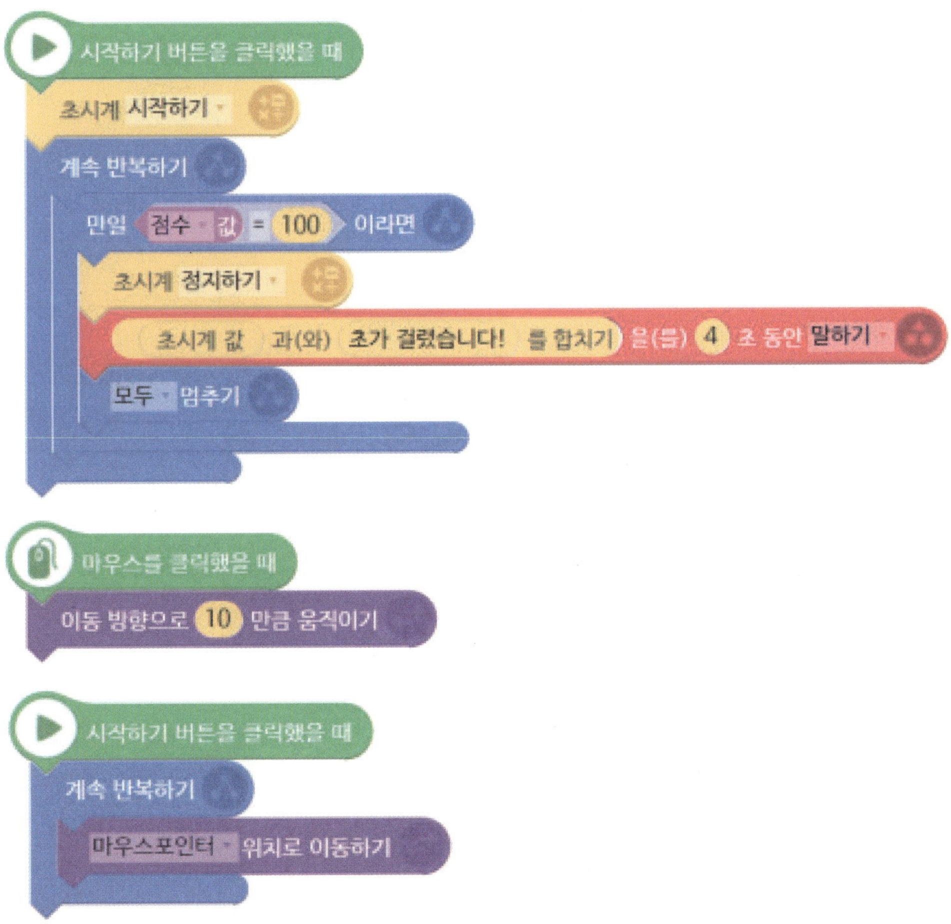

바다동물 오브젝트

```
시작하기 버튼을 클릭했을 때
계속 반복하기
    0.3 초 동안 x: -50 부터 50 사이의 무작위 수 y: -50 부터 50 사이의 무작위 수 만큼 움직이기
    화면 끝에 닿으면 튕기기
```

```
오브젝트를 클릭했을 때
점수 에 10 만큼 더하기
모양 숨기기
```

칠교놀이

http://goo.gl/JT4wOM

칠교놀이는 큰 정사각형을 직각이등변삼각형과 정사각형 등의 총 7개의 조각으로 잘라서 그 조각들을 모두 사용해 모양을 만드는 놀이입니다.

게임이 시작되면 큰 정사각형은 7개의 조각으로 나누어지게 됩니다. 사용자는 그 조각들을 마우스로 끌어서 오른편에 있는 모양에 남김없이 끼워맞춥니다. 끌어당긴 조각은 키보드의 스페이스바를 이용하여 45도 회전할 수 있습니다.

영역/난이도	게임 / ★★
사용개념	순차 / 반복 / 조건 / 이벤트 / 변수 / 비교연산

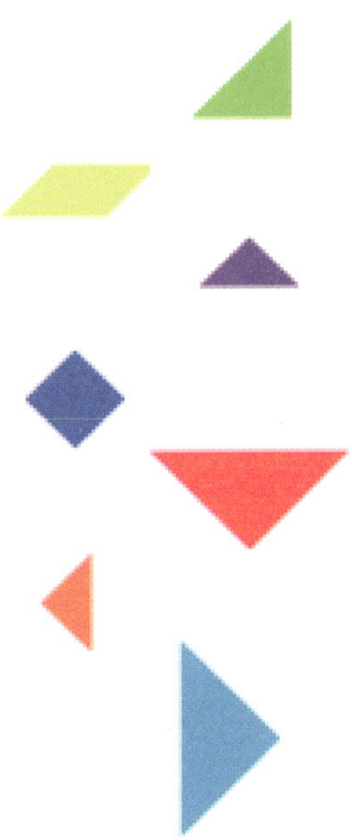

칠교모양 오브젝트

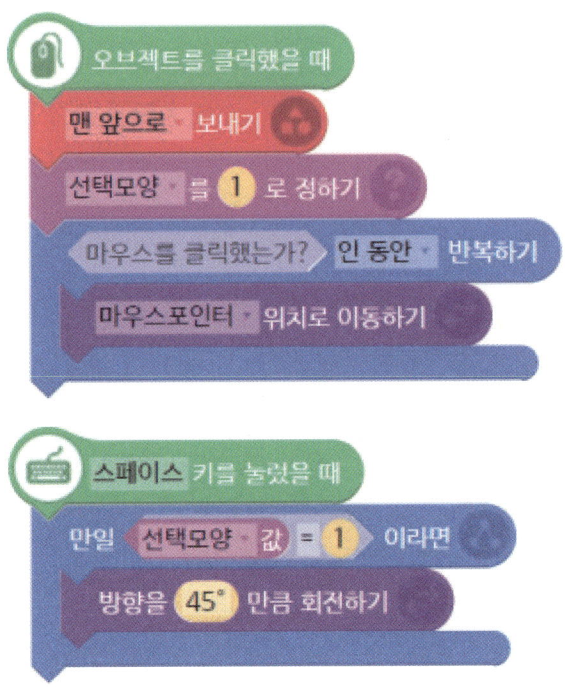

*7개의 칠교모양의 오브젝트는 코드가 위와 유사하되 "선택모양" 번호만 서로 각각 다르게 지정합니다.

축구공을 구해라 게임

http://goo.gl/urk3Vk

마우스로 판을 움직여 축구공이 바닥에 닿지 않도록 하는 게임입니다.

게임이 시작되면 축구공은 사방팔방으로 움직입니다. 사용자는 마우스로 판을 좌우로 움직여서 축구공을 튕길 수 있습니다. 공이 판에 튕겨서 임의의 위치에 있는 별에 닿게 되면 점수가 올라가고 공이 판에 튕기지않고 화면 아래에 닿을 경우에는 목숨 하나를 잃게 됩니다. 목숨이 0이 되는 순간 게임은 종료가 됩니다.

영역/난이도	게임 / ★★
사용개념	순차 / 반복 / 조건 / 변수 / 중첩조건 / 비교연산

축구공 오브젝트

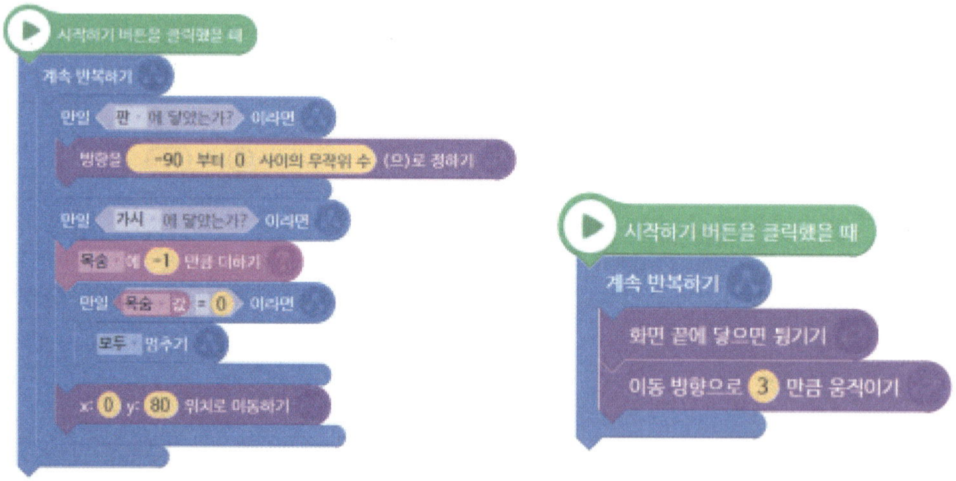

별 오브젝트

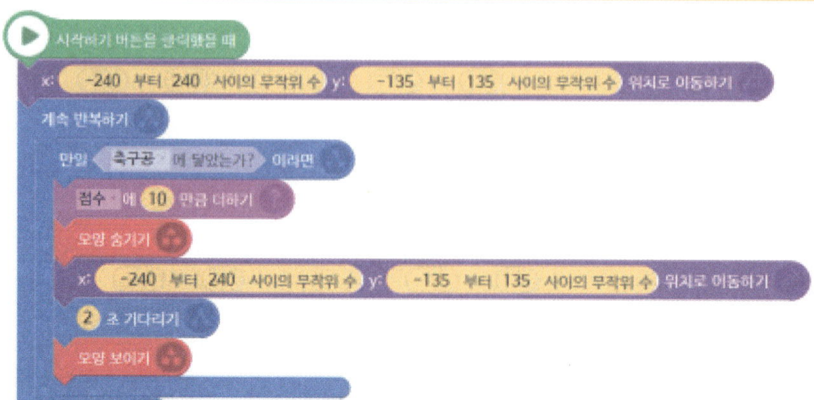

판 오브젝트

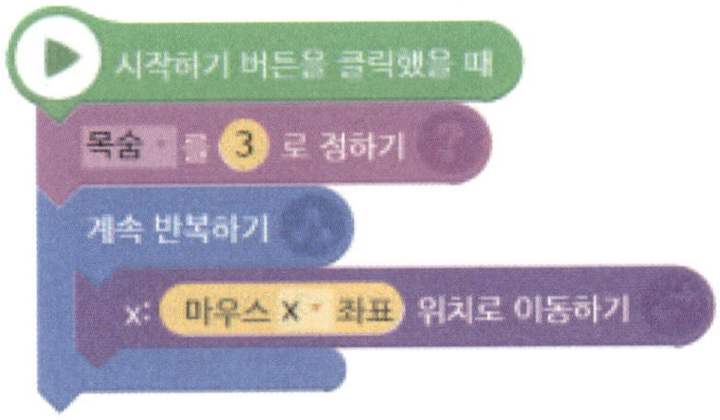

바운스 볼 게임

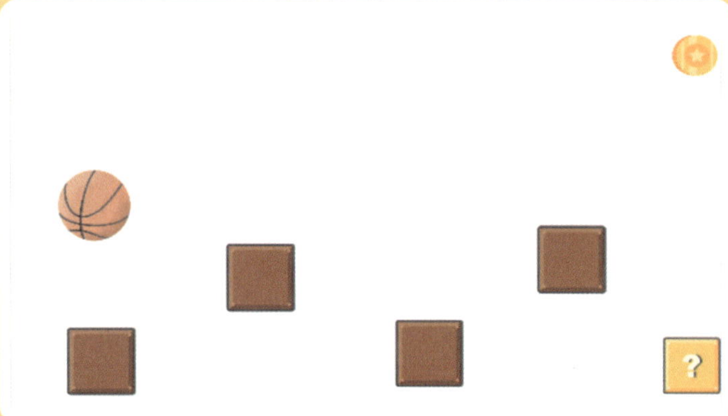

http://goo.gl/VYPtyd

키보드로 공을 움직여서 목표지점에 도달하는 게임입니다.

공은 시간마다 계속 튕기게 되며 사용자는 키보드의 좌, 우 방향키를 입력하여 공을 움직입니다. 공은 갈색의 네모난 공간에만 튕길 수 있으며 일부 특정 공간은 좀 더 높이 튕길 수 있습니다. 공을 튕겨서 목표지점에 도달하면 게임에서 이기게 되며, 갈색의 네모난 공간이 아닌 곳에 떨어지면 게임에서 지게됩니다.

영역/난이도	게임 / ★★★
사용개념	순차 / 반복 / 조건 / 논리연산 / 변수

농구공 오브젝트

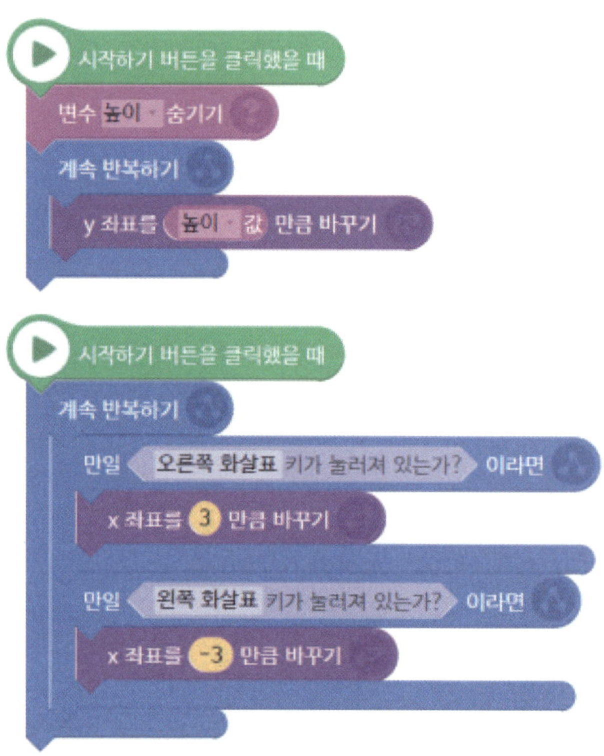

시작하기 버튼을 클릭했을 때
계속 반복하기
만일 상자 에 닿았는가? 또는 상자2 에 닿았는가? 또는 상자3 에 닿았는가? 또는 상자4 에 닿았는가? 이라면
높이 를 3 로 정하기
아니면
높이 에 -0.3 만큼 더하기
만일 상자(특수) 에 닿았는가? 이라면
높이 를 7 로 정하기
만일 동전 에 닿았는가? 이라면
성공 시작하기
만일 아래쪽 벽 에 닿았는가? 이라면
실패~! 시작하기

선생님 몰래 춤추기 게임

http://goo.gl/F8lvTL

마우스로 캐릭터를 춤추게 높은 점수를 얻는 게임입니다. 사용자는 마우스를 클릭하여 학생을 춤추게 할 수 있습니다. 선생님 캐릭터는 불규칙적으로 보였다 안보였다가를 반복하는데 학생은 선생님이 안보였을때에만 춤을 춰야 합니다. 선생님이 안보였을때 춤을 추게 되면 점수가 올라가며 선생님이 보였을 때 춤을 추게 되면 점수가 내려갑니다. 점수가 0이하가 되거나 시간이 지나면 게임이 종료가 됩니다.

영역/난이도	게임 / ★★★
사용개념	순차 / 반복 / 조건 / 이벤트 / 비교연산 / 변수 / 신호 / 논리연산

선생님 오브젝트

```
시작하기 버튼을 클릭했을 때
계속 반복하기
    상태 를 선생님없음 로 정하기
    모양 숨기기
    1 부터 4 사이의 무작위 수 초 기다리기
    모양 보이기
    상태 를 선생님등장 로 정하기
    1 부터 4 사이의 무작위 수 초 기다리기
```

```
걸림 신호를 받았을 때
이녀석! 뭐하고 있는거야? 을(를) 2 초 동안 말하기
```

학생 오브젝트

```
오브젝트를 클릭했을 때
만일 상태 값 = 선생님없음 이라면
    다음 모양으로 바꾸기
    점수 에 1 만큼 더하기
아니면
    걸림 신호 보내기
    점수 에 -1 만큼 더하기
```

교실 오브젝트

시작하기 버튼을 클릭했을 때
초시계 시작하기
시작하기 버튼을 클릭했을 때
점수 를 5 로 정하기
변수 상태 숨기기
계속 반복하기
1 초 기다리기
점수 에 -1 만큼 더하기
시작하기 버튼을 클릭했을 때
계속 반복하기
만일 0 >= 점수 값 또는 초시계 값 > 30 이라면
끝 시작하기

고추 피하기 게임

http://goo.gl/VSD8Wa

키보드로 원숭이를 움직여 하늘에서 내려오는 고추를 피하는 게임입니다.

사용자는 키보드의 방향키를 이용하여 원숭이를 움직일 수 있습니다. 하늘에서는 고추와 바나나가 무작위로 나타나 내려오게 됩니다. 원숭이를 움직여서 바나나를 먹으면 생명이 올라가고 고추를 먹게되면 생명이 줄어듭니다. 생명이 0이 되면 게임은 종료됩니다.

영역/난이도	게임 / ★★★
사용개념	순차 / 반복 / 조건 / 비교연산 / 변수 / 복제 / 문자열(합치기)

바나나 오브젝트

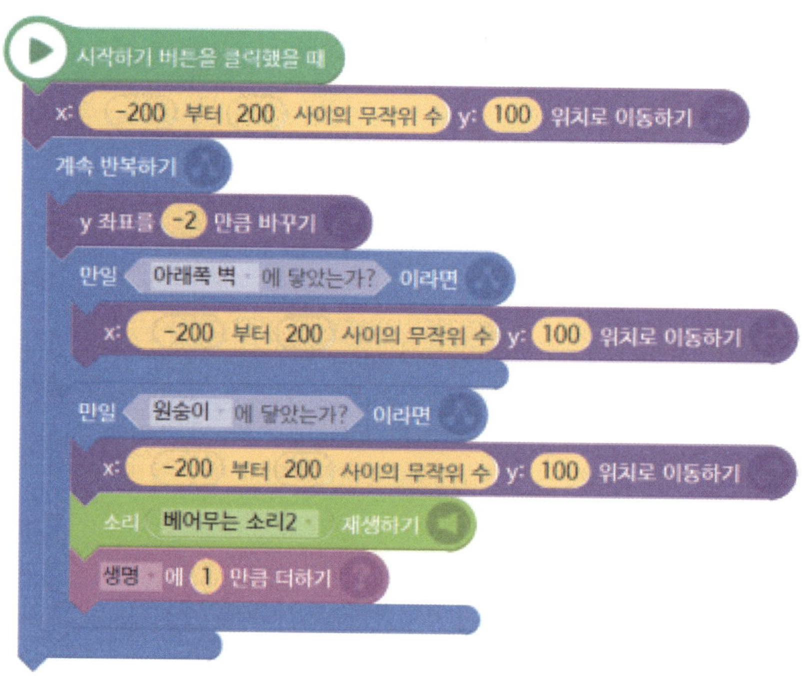

고추 오브젝트

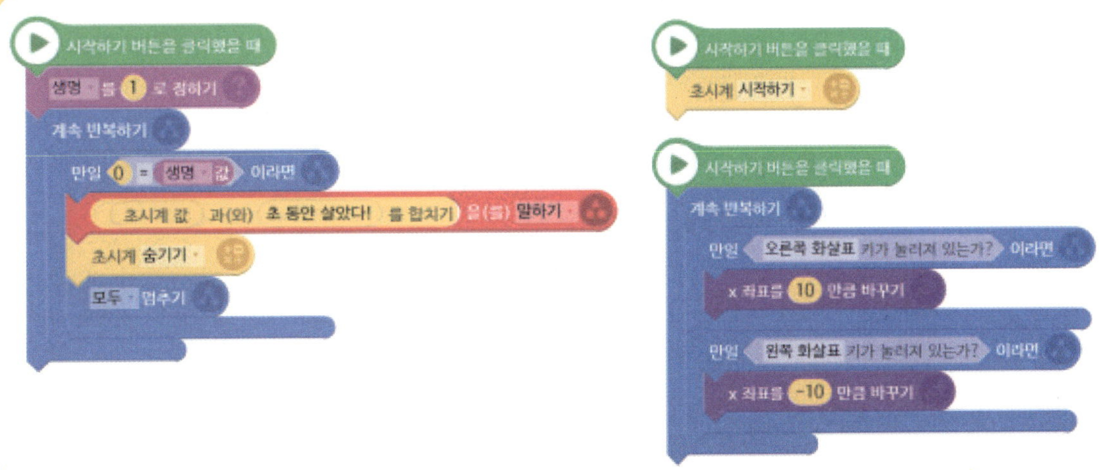

원숭이 오브젝트

승부차기 게임

http://goo.gl/Q1GKUz

키보드로 공을 움직여 골키퍼를 피해 골을 넣는 게임입니다.

게임이 시작되면 사용자는 키보드 스페이스바를 입력하여 공을 정면으로 찰 수 있습니다. 이 때 골키퍼는 골대 앞에서 좌우로 일정하게 움직이게 되는데 움직이는 도중에 골키퍼와 공이 만나지 않아야 골이 인정이 되며 만일 골키퍼와 공이 만나게 되면 골이 인정되지 않습니다.

영역/난이도	게임 / ★★★
사용개념	순차 / 반복 / 조건 / 이벤트 / 변수 / 신호 / 논리연산 / 비교연산

골키퍼 오브젝트

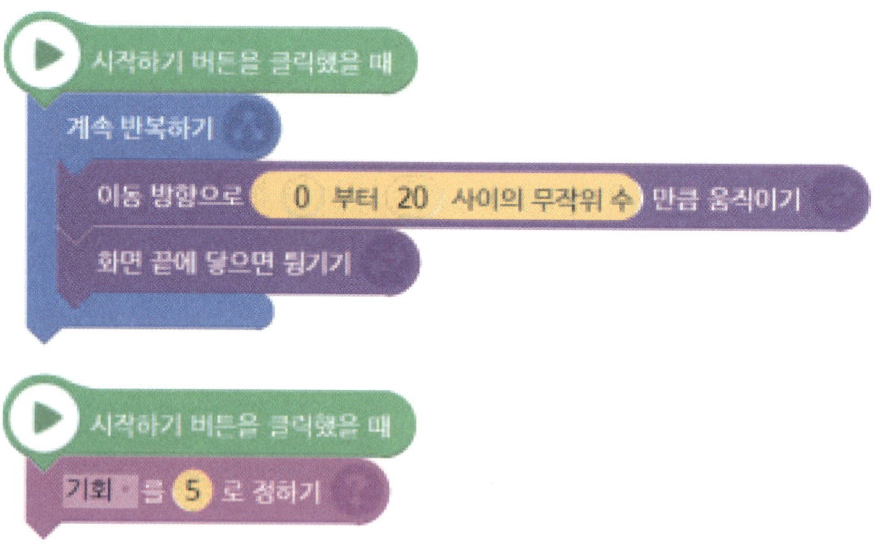

```
스페이스 키를 눌렀을 때
만일 < 기회 값 = 0 > 이라면
    모든 기회가 끝났습니다 을(를) 2 초 동안 말하기
아니면
    기회 에 -1 만큼 더하기
    계속 반복하기
        y 좌표를 10 만큼 바꾸기
        만일 < 만세남 에 닿았는가? 또는 벽 에 닿았는가? > 이라면
            노골! 을(를) 1 초 동안 말하기
            x: 0 y: -100 위치로 이동하기
            반복 중단하기
        만일 < 골대(앞) 에 닿았는가? > 이라면
            점수 에 1 만큼 더하기
            골! 을(를) 1 초 동안 말하기
            x: 0 y: -100 위치로 이동하기
            반복 중단하기
```

축구공 오브젝트

엔트리런 게임

http://goo.gl/Q9ZMZR

모바일 게임 "쿠키런"과 유사한 규칙의 게임입니다.

게임이 시작되면 사용자는 키보드 방향키를 이용하여 캐릭터를 움직일 수 있습니다. 화면 오른쪽에서부터 날아오는 박쥐는 피하고 별을 획득하여 점수를 얻습니다. 만일 박쥐를 피하지 못하면 게임이 종료됩니다.

영역/난이도	게임 / ★★★
사용개념	순차 / 반복 / 조건 / 이벤트 / 변수 /복제 / 변수 / 비교 연산 / 중첩조건

엔트리봇 오브젝트

축구공 오브젝트

```
시작하기 버튼을 클릭했을 때
x: 250 y: -110 부터 110 사이의 무작위 수 위치로 이동하기
계속 반복하기
    x 좌표를 -2 만큼 바꾸기
    만일 박쥐 의 x 좌표값 < -250 이라면
        x: 250 y: -110 부터 110 사이의 무작위 수 위치로 이동하기
    만일 엔트리봇 에 닿았는가? 이라면
        게임종료! 을(를) 말하기
        모두 멈추기
```

별 오브젝트

```
시작하기 버튼을 클릭했을 때
x: 250 y: -110 부터 110 사이의 무작위 수 위치로 이동하기
계속 반복하기
    x 좌표를 -2 만큼 바꾸기
    만일 박쥐 의 x 좌표값 < -250 이라면
        x: 250 y: -110 부터 110 사이의 무작위 수 위치로 이동하기
    만일 엔트리봇 에 닿았는가? 이라면
        게임종료! 을(를) 말하기
        모두 멈추기
```

```
시작하기 버튼을 클릭했을 때
모양 숨기기
계속 반복하기
    자신 의 복제본 만들기
    0.5 부터 1.5 사이의 무작위 수 초 기다리기
```

다짐하는 소년

http://goo.gl/Q9klyr

남학생이 성실한 생활을 다짐하는 애니메이션 입니다. 3명의 등장인물이 나와서 이야기를 주고 받습니다. 신호 보내기를 사용하지 않고 오직 모양보이기/숨기기, ~초기다리기, 말하기 블록을 사용하여 애니메이션을 만들 수 있습니다.

영역/난이도	애니메이션 / ★
사용개념	순차

소년 오브젝트

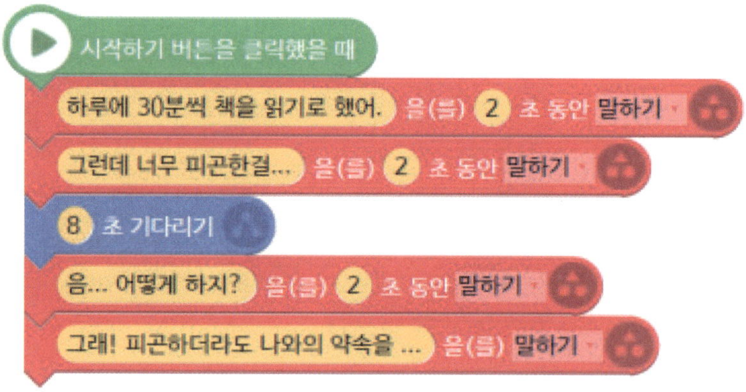

드라큘라 오브젝트

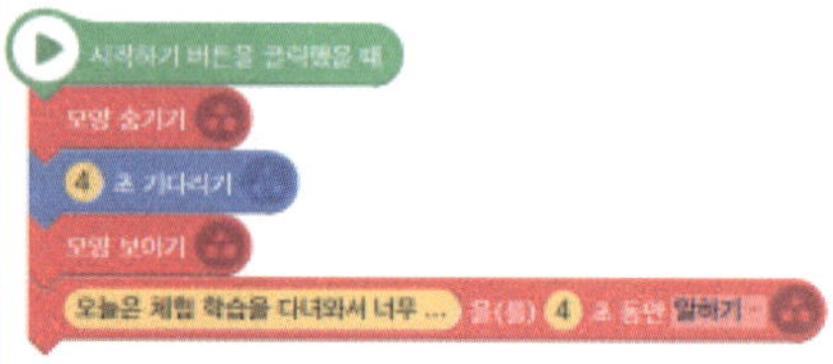

백발천사 오브젝트

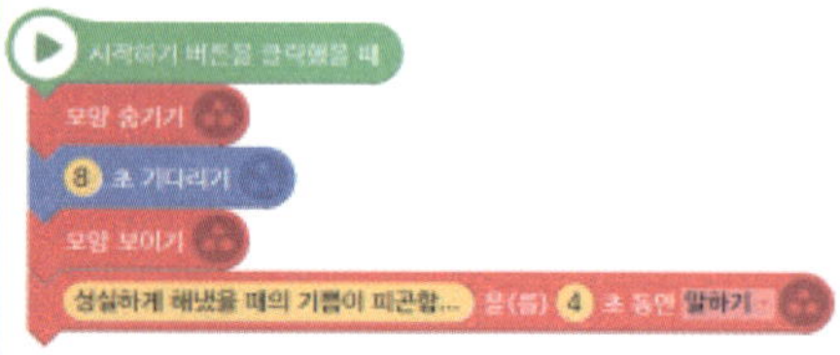

말하는 곰과 강아지

http://goo.gl/tLJhZi

공과 강아지가 말을 하며 달려가는것 처럼 보이는 애니메이션 입니다.
곰과 강아지의 모양을 일정한 속도로 계속해서 바꾸면 달려가는 것과 같은 효과를 만들 수 있습니다.

영역/난이도	애니메이션 / ★
사용개념	순차 / 반복

곰 오브젝트

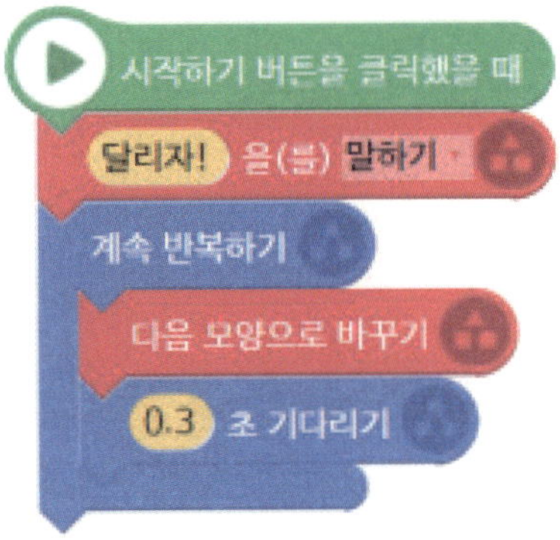

강아지 오브젝트

동물 가족 이야기

http://goo.gl/wkCxAC

원숭이가 동물가족을 소개하는 애니메이션 입니다.
시작하기를 누르면 원숭이가 자기 소개를 하고, 키보드 1을 누르면 아빠 소개를, 암사자를 누르면 엄마소개를 합니다.

영역/난이도	애니메이션 / ★★
사용개념	순차 / 반복 / 이벤트 / 신호

원숭이 오브젝트

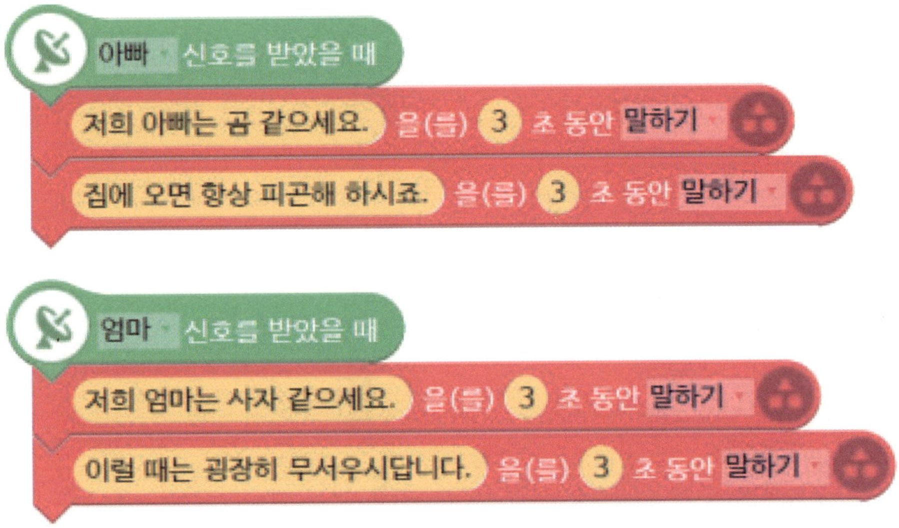

암사자 오브젝트

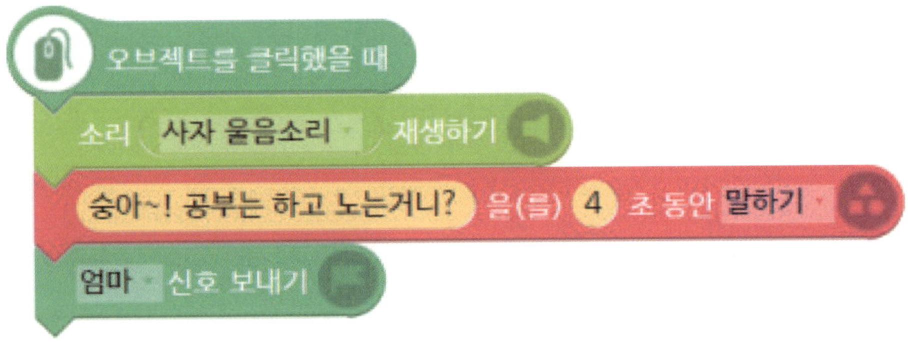

곰 오브젝트

고슴도치 이야기

http://goo.gl/FUIG3d

친구가 생긴 고슴도치 이야기 입니다.
글상자와 신호기능을 주로 활용합니다. 여러 등장인물이 순서에 맞게 등장하고, 움직이며 말을 합니다.

영역/난이도	애니메이션 / ★★
사용개념	순차 / 신호

글상자

글상자 오브젝트

고슴도치 오브젝트

```
고슴도치1 신호를 받았을 때
모양 보이기
왜 나는 친구가 없을까? 을(를) 2 초 동안 말하기

고슴도치2 신호를 받았을 때
아무도 나를 좋아하지 않아 ㅠㅠ 을(를) 2 초 동안 말하기

고슴도치3 신호를 받았을 때
2 초 동안 x: -60 y: -40 위치로 이동하기
```

원숭이 오브젝트

```
원숭이1 신호를 받았을 때
모양 보이기
안녕! 내가 친구가 되줄게~ 을(를) 1 초 동안 말하기
2 초 동안 x: -63 y: -23 위치로 이동하기
앗! 따가워~ 을(를) 말하기
0.5 초 동안 x: 100 y: 0 만큼 움직이기
1 초 기다리기
너랑 친구 못하겠어. 을(를) 1 초 동안 말하기
좌우 모양 뒤집기
2 초 동안 x: 200 y: 0 만큼 움직이기
모양 숨기기
```

게 오브젝트

```
게1 신호를 받았을 때
모양 보이기
안녕? 을(를) 1 초 동안 말하기
난 몸이 딱딱해서 니 옆에 있을 수... 을(를) 1 초 동안 말하기
고슴도치3 신호 보내기
2 초 동안 x: 60 y: -40 위치로 이동하기
내가 너의 친구가 되어줄게. 을(를) 2 초 동안 말하기
```

사진으로 동영상 만들기

http://goo.gl/MIS613

연속해서 찍은 사진을 동영상처럼 만들어주는 프로그램입니다.

변수를 활용한 프로젝트 이며, 오른쪽 하단의 버튼들을 이용하면 영상의 속도를 조절할 수 있습니다.

영역/난이도	애니메이션 / ★★
사용개념	순차 / 조건 / 이벤트 / 변수 / 비교연산

사진 오브젝트

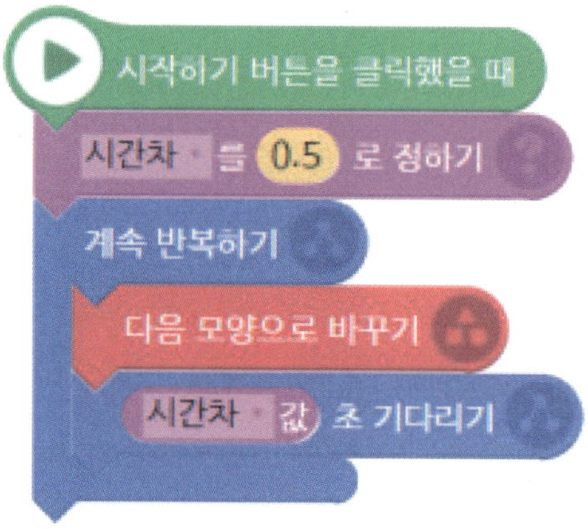

속도 빠르게

속도 느리게

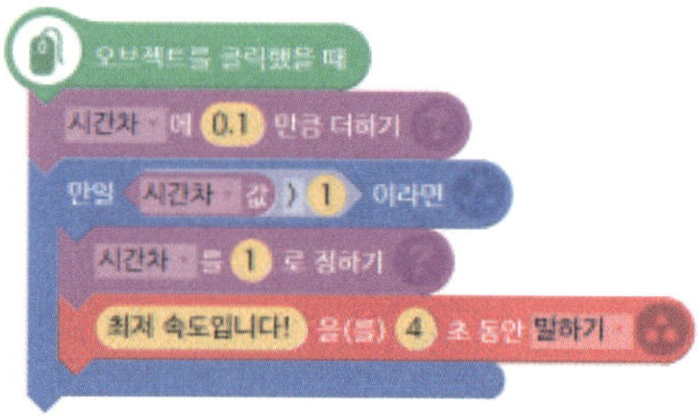

물 위를 걷는 펭귄

http://goo.gl/kZUkiy

펭귄이 물위를 걸어다니는것 처럼 보이는 애니메이션 입니다.

시작하기를 누르면 펭귄은 제자리에서 걷고, 배경은 일정한 속도로 지나가기 때문에 마치 펭귄이 물위를 걷는것 처럼 보입니다.

영역/난이도	애니메이션 / ★★★
사용개념	순차 / 반복 / 조건 / 비교연산

곰 오브젝트

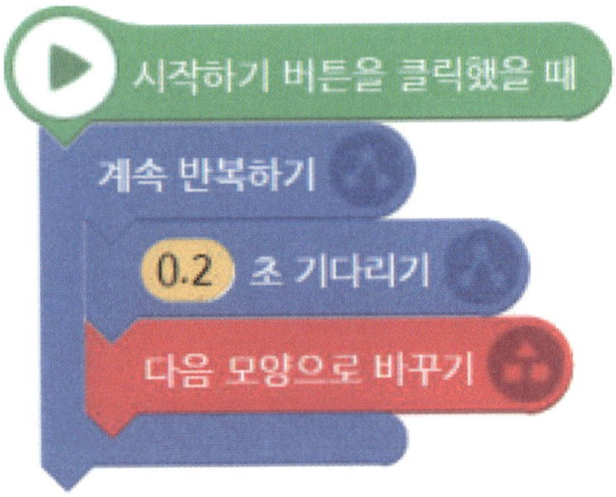

배경1 오브젝트

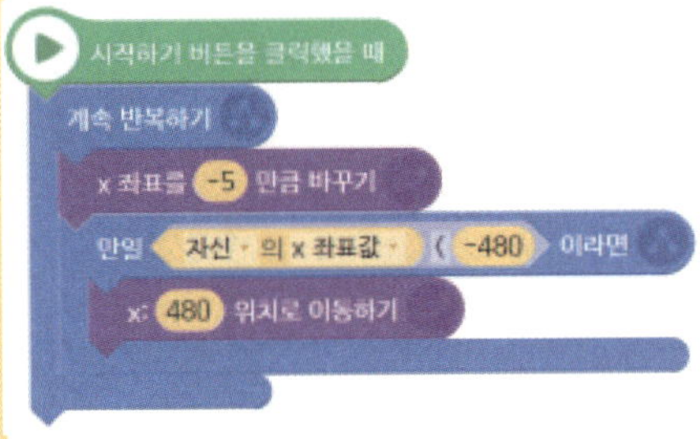

배경2 오브젝트

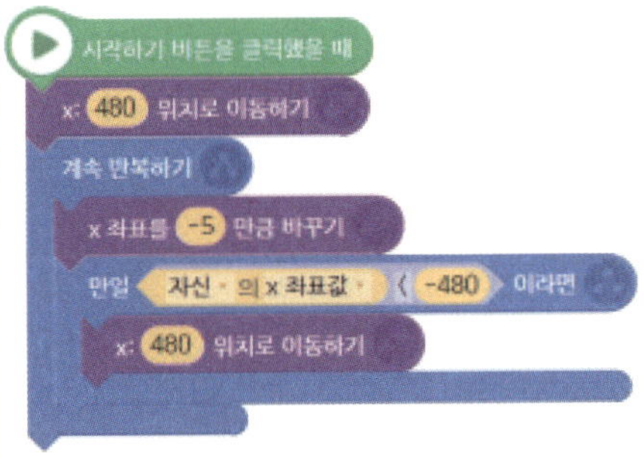

꽃 만들기

꽃잎 하나를 여러번 출력하여 꽃을 만드는 프로그램입니다.

프로그램이 시작되면 사용자가 지정한 특정 모양의 꽃잎이 여러번 출력됩니다. 꽃잎이 여러번 출력되어 꽃처럼 출력됩니다.

http://goo.gl/RcFjUo

영역/난이도	미술 음악 / ★
사용개념	순차 / 반복

꽃잎 오브젝트

전자 피아노

http://goo.gl/Nhm5sK

키보드로 피아노를 연주하는 프로그램입니다.

프로그램이 시작되면 사용자는 도, 레, 미, 파, 솔, 라, 시, 도의 8개의 계이름을 키보드로 입력하여 소리를 재생시킬 수 있습니다.

각 계이름에 해당하는 키를 입력하면 해당 계이름은 색깔이 칠해지며 피아노가 눌러진 것을 확인할 수 있습니다.

영역/난이도	미술 음악 / ★
사용개념	순차 / 이벤트

건반 오브젝트

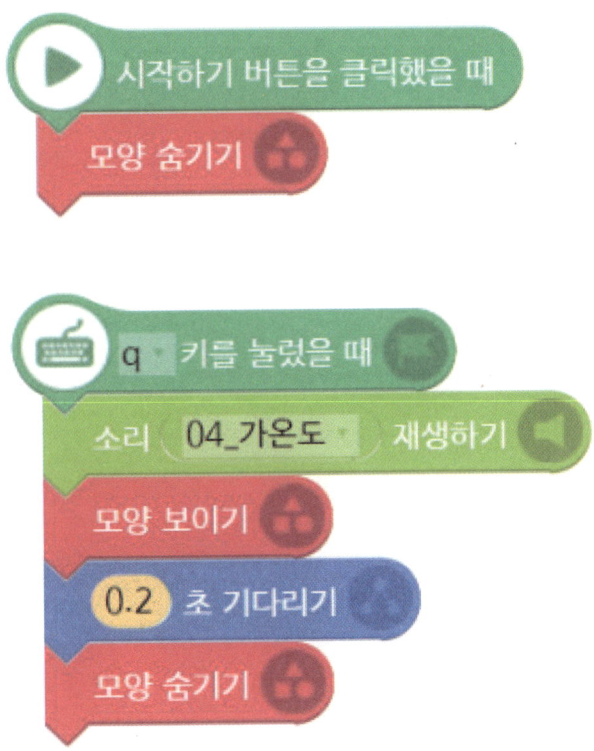

* 각 건반의 코드는 '~키를 눌렀을 때'와 '~소리 재생하기' 부분만 다르고 나머지는 같습니다.

전자 드럼

http://goo.gl/BUx9il

마우스나 키보드로 드럼을 연주하는 프로그램입니다.
프로그램이 시작되면 사용자는 마우스로 다양한 드럼을 클릭할 수 있습니다. 마우스로 드럼을 클릭하면 해당 드럼의 소리를 재생시킬 수 있습니다. 키보드로도 할 수 있습니다.

영역/난이도	미술 음악 / ★
사용개념	순차 / 이벤트

각 드럼 오브젝트

* 각 드럼 요소의 코드는 '~키를 눌렀을 때'와 '~소리 재생하기' 부분만 다르고 나머지는 같습니다.

물고기 움직이기

http://goo.gl/Nhm5sK

마우스를 사용하여 물고기떼를 일렬로 움직이는 프로그램입니다.

프로그램이 시작되면 사용자는 마우스를 이용하여 물고기를 움직일 수 있습니다. 마우스를 어느 위치로 이동시키면 물고기떼가 일렬로 마우스 위치를 따라가게 됩니다.

영역/난이도	미술 음악 / ★
사용개념	순차 / 반복

물고기1 오브젝트

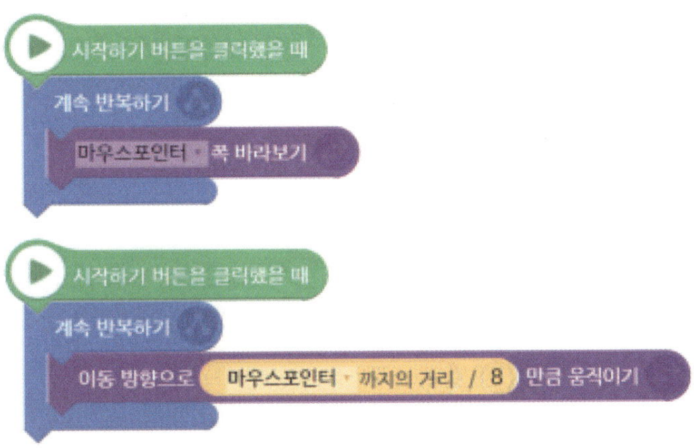

물고기2 오브젝트

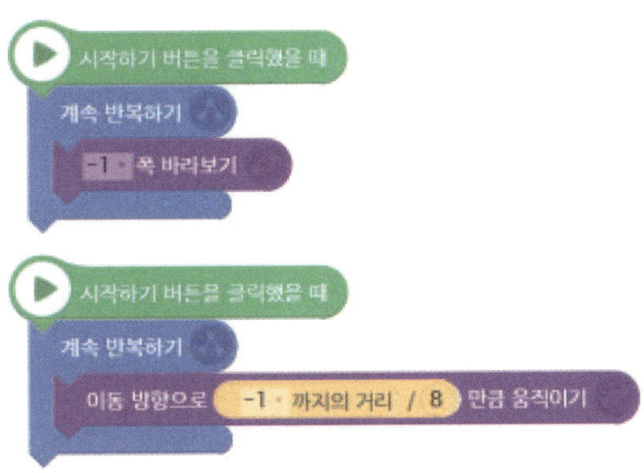

* 나머지 물고기의 코드도 '~쪽 바라보기', '~까지의 거리' 부분만 다르고 동일합니다.

랜덤 그림 만들기

http://goo.gl/tGsB2Y

추상표현화가인 잭슨폴록의 우연의 기법을 활용한 액션 페인팅 프로그램입니다.

프로그램이 시작되면 프로그램이 오브젝트의 위치를 무작위로 움직여 그림을 그립니다.

영역/난이도	미술 음악 / ★
사용개념	순차 / 반복

막대 오브젝트

```
시작하기 버튼을 클릭했을 때
(50 부터 100 사이의 무작위 수) 번 반복하기
    붓의 색을 무작위로 정하기
    붓의 굵기를 (1 부터 20 사이의 무작위 수) (으)로 정하기
    붓의 투명도를 (0 부터 100 사이의 무작위 수) % 로 정하기
    x: (-240 부터 240 사이의 무작위 수) y: (-135 부터 135 사이의 무작위 수) 위치로 이동하기
    이동 방향을 (0 부터 360 사이의 무작위 수) (으)로 정하기
    그리기 시작하기
    이동 방향으로 (20 부터 100 사이의 무작위 수) 만큼 움직이기
    그리기 멈추기
```

도형 그리기

http://goo.gl/6S1LK4

원, 삼각형, 사각형을 그리는 프로그램입니다.

프로그램이 시작되면 사용자는 마우스를 이용하여 원과 삼각형과 사각형을 그릴 수 있습니다.

원을 클릭하면 원이 그려지고, 삼각형을 클릭하면 삼각형이 그려지고, 사각형을 클릭하면 사각형이 그려집니다.

영역/난이도	미술 음악 / ★★
사용개념	순차 / 반복 / 이벤트 / 신호

연필 오브젝트

삼각형 오브젝트

사각형 오브젝트

원 오브젝트

그림판 만들기

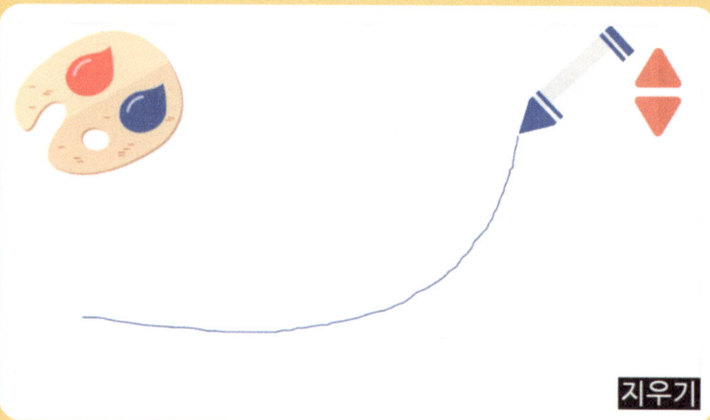

http://goo.gl/6EnlLX

마우스를 이용하여 그림을 그릴 수 있는 그림판 프로그램입니다.

프로그램이 시작되면 사용자는 색, 펜의 굵기를 마우스로 클릭하여 설정할 수 있습니다.

설정 후에 마우스를 클릭한 상태에서 움직이면 그림을 그릴 수 있습니다.

영역/난이도	미술 음악 / ★★
사용개념	순차 / 반복 / 이벤트 / 신호

연필 오브젝트

글상자

지우기 오브젝트

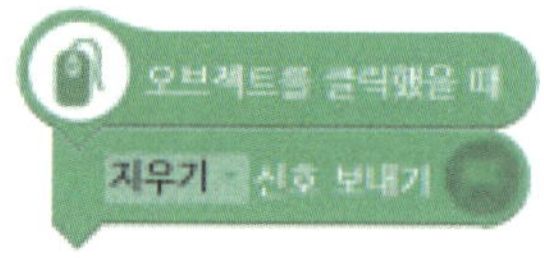

굵기 키우기

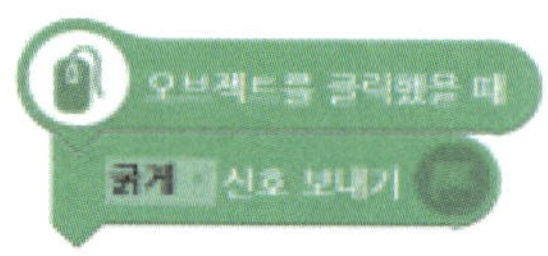

굵기 줄이기

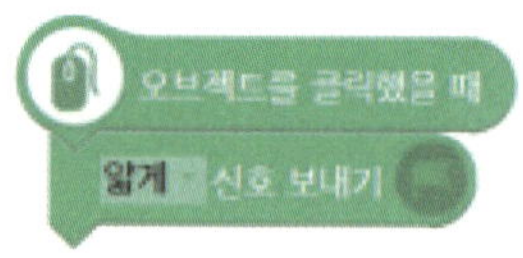

빨간색 오브젝트

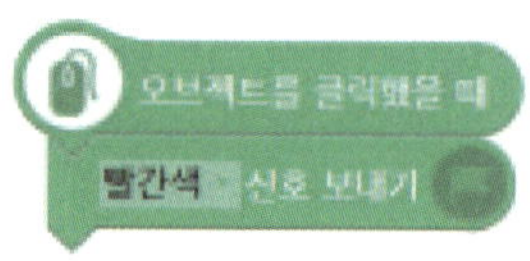

파란색 오브젝트

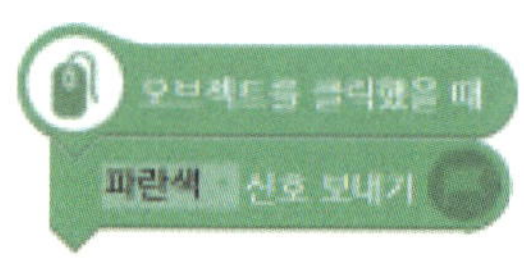

미디어아트 (1)

http://goo.gl/5ZmvE5

매 순간 마다 색깔이 변하는 공을 이용한 미디어아트 프로그램입니다.

프로그램이 시작되면 어느 일정크기의 공이 화면안에서 계속 움직이게 됩니다. 움직이면서 매 순간마다 색깔이 바뀌고 지나간 자리에는 공의 흔적이 남습니다. 마우스를 클릭하면 공의 크기가 랜덤으로 정해집니다. 스페이스 키를 누르면 지금까지 만든 이미지를 지우고 처음의 위치에서 다시 시작합니다.

영역/난이도	미술 음악 / ★★
사용개념	순차 / 반복 / 이벤트 / 신호

공 오브젝트

미디어아트 (2)

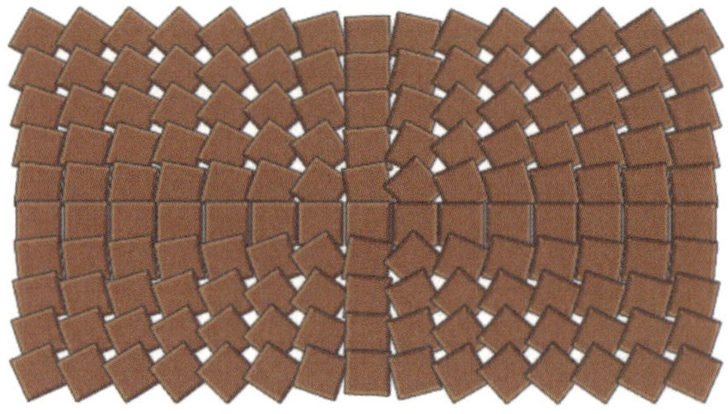

http://goo.gl/BfupQ6

고정되어있는 다수의 블록을 마우스의 움직임에 따라 회전시켜 표현하는 미디어아트 프로그램입니다.

프로그램이 시작되면 하나의 블록을 수십개로 복제를 하고, 복제된 블록은 마우스를 바라보게 됩니다.

영역/난이도	미술 음악 / ★★
사용개념	순차 / 반복 / 이벤트 / 복제

상자 오브젝트

계이름 맞히기

http://goo.gl/s5HTo2

계이름을 듣고 어떤 계이름인지 맞추는 프로그램입니다. 프로그램이 시작되면 사용자는 도, 레, 미, 파, 솔, 라, 시, 도의 8개의 계이름 중 하나를 듣게 됩니다. 이때 사용자는 어떤 계이름인지 생각하여 키보드로 계이름을 입력하여 정답을 맞춰야 합니다.

영역/난이도	미술 음악 / ★★★
사용개념	순차 / 조건 / 변수 / 비교연산

선생님 오브젝트

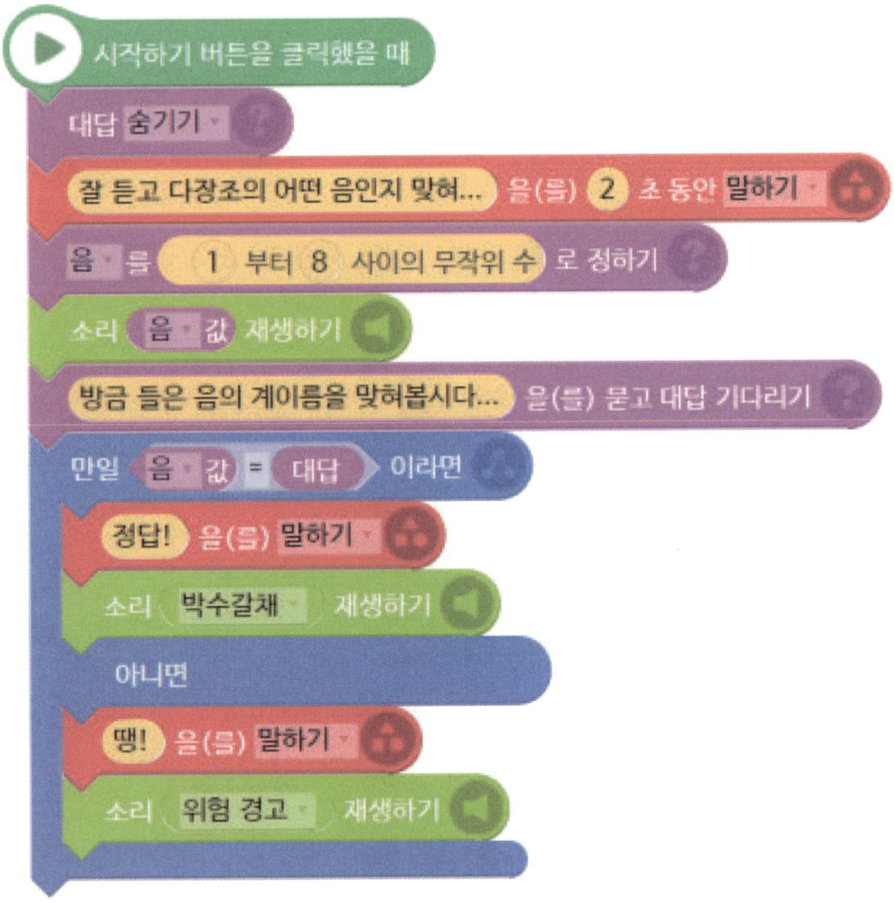

사진첩 만들기

http://goo.gl/ajMQcc

여러개의 사진을 하나씩 넘겨가며 볼 수 있는 사진첩 프로그램입니다.

프로그램이 시작되면 사용자는 화면 아래에 있는 왼쪽 모양의 버튼과 오른쪽 모양의 버튼을 마우스로 클릭하여 사진을 넘길 수가 있습니다.

영역/난이도	미술 음악 / ★★★
사용개념	순차 / 조건 / 이벤트 / 신호 / 비교연산 / 변수

사진 오브젝트

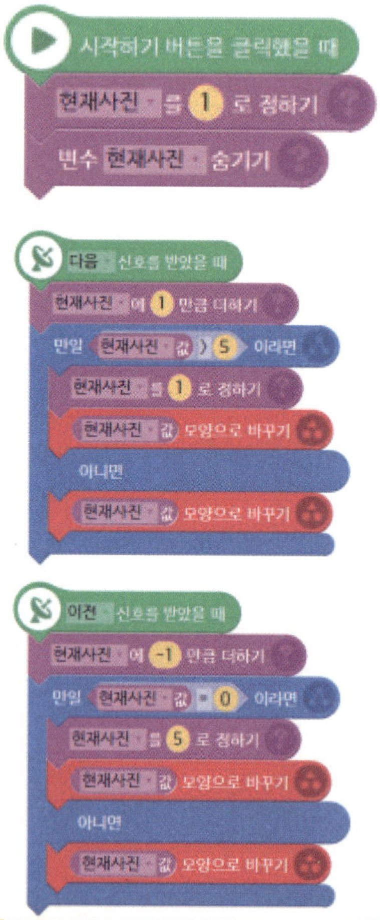

다음 사진 보기

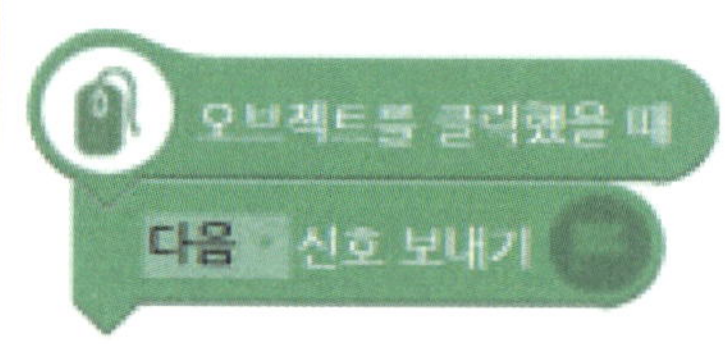

이전 사진 보기

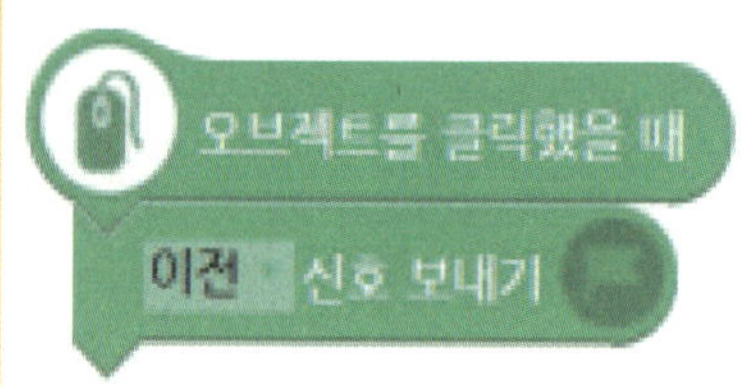

음악 플레이어

http://goo.gl/MW6MwT

음악을 재생하거나 다른 음악을 재생할 수 있는 프로그램입니다.

프로그램이 시작되면 사용자는 재생버튼과 뒤로 버튼 앞으로 버튼을 마우스로 클릭할 수 있습니다. 재생버튼은 음악을 재생하며 뒤로 버튼은 이전 곡을 선택하며 앞으로 버튼은 다음 곡을 선택하는 기능을 갖고 있습니다.

영역/난이도	미술 음악 / ★★★
사용개념	순차 / 조건 / 이벤트 / 신호 / 비교연산

재생 오브젝트

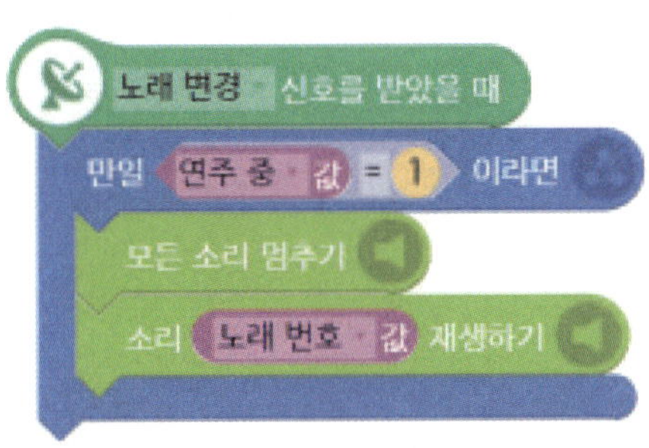

이전 곡 듣기

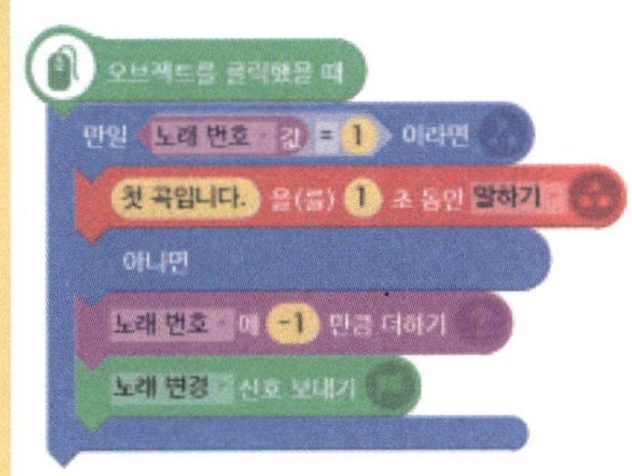

다음 곡 듣기

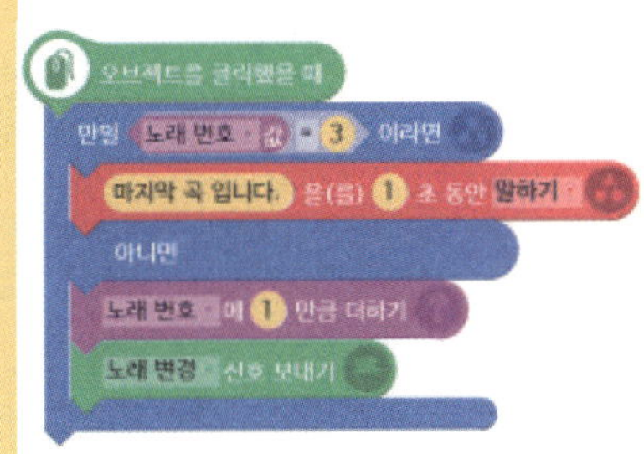

달의 위상 변화

달이 지구 주위를 돌때마다 변하는 위상을 보여주는 프로그램입니다.

프로그램이 시작되면 달은 지구를 주위를 계속 돌며 움직입니다. 지구에서 달을 바라볼 때 태양과 지구와 달의 상대적인 위치에 따라 달의 위상은 바뀌게 됩니다. 오른쪽 아래 화면에서는 달의 위상변화를 보여줍니다.

http://goo.gl/MdJszv

영역/난이도	수학 과학 / ★
사용개념	순차 / 반복

달의 위상 오브젝트

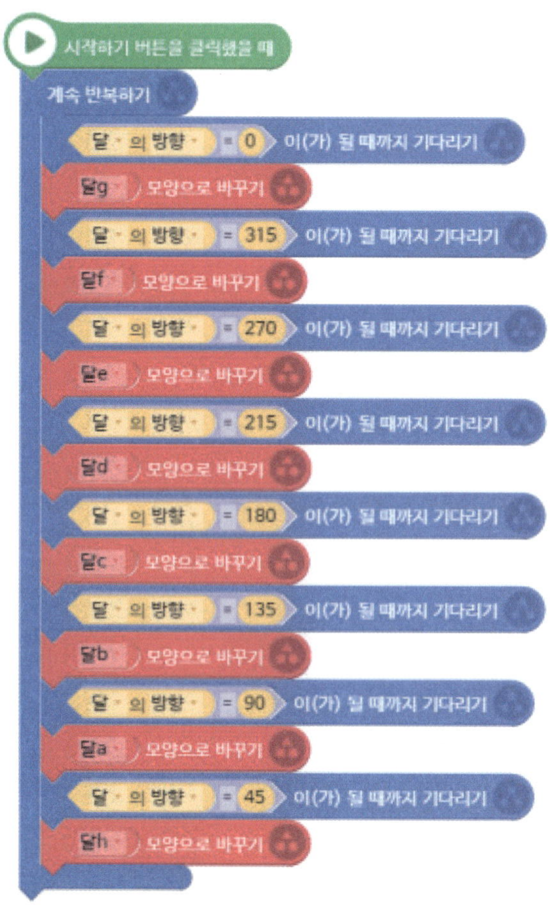

지구 오브젝트

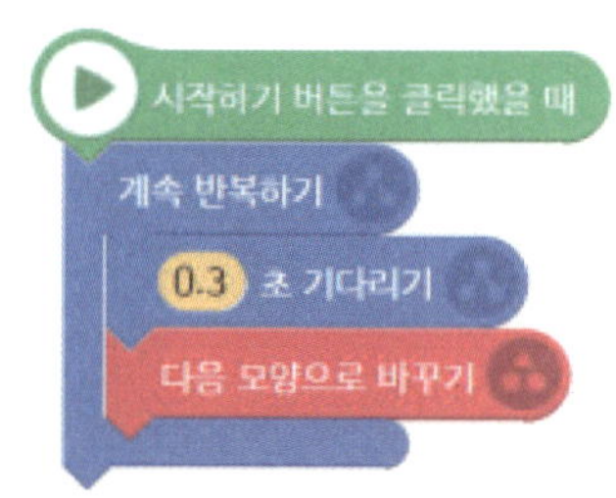

달 오브젝트

행성의 움직임

태양을 중심으로 다른 행성들의 상대적인 움직임을 보여주는 프로그램입니다.

프로그램이 시작되면 우주의 배경과 여러 행성이 나타납니다. 프로그램은 태양을 중심인 상태에서 상대적으로 모든 행성의 공전의 주기를 계산하여 화면에 출력합니다.

http://goo.gl/uaegnS

영역/난이도	수학 과학 / ★
사용개념	순차 / 반복

지구 오브젝트

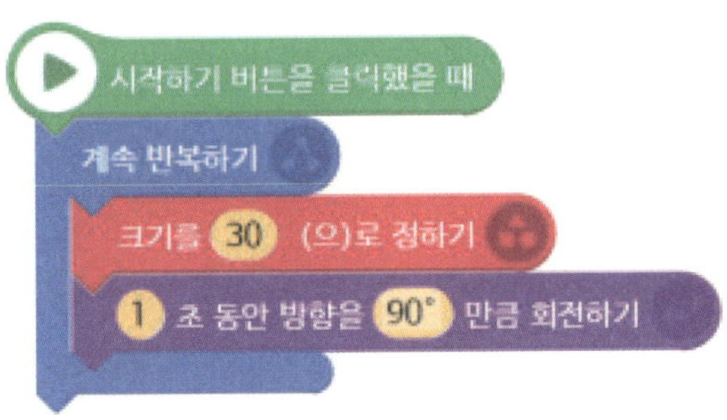

금성 오브젝트

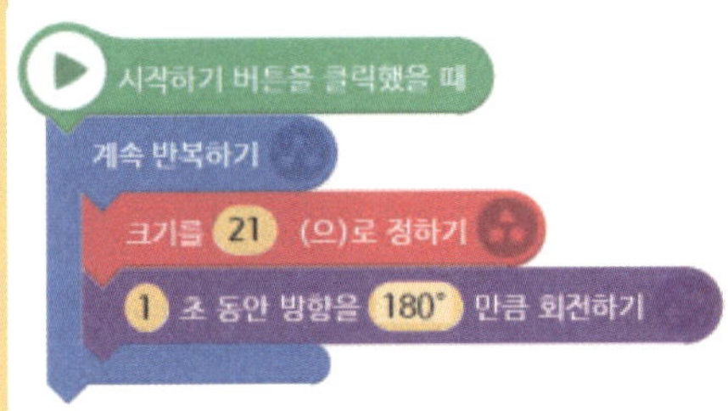

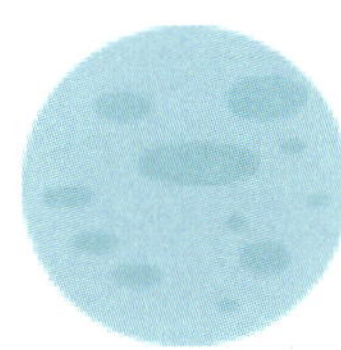

수성 오브젝트

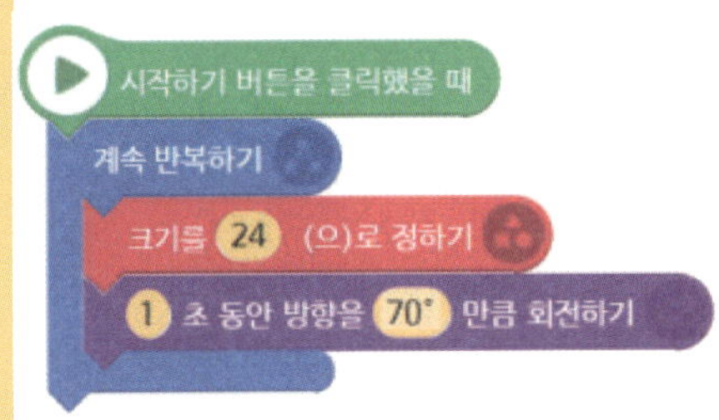

주사위 프로그램

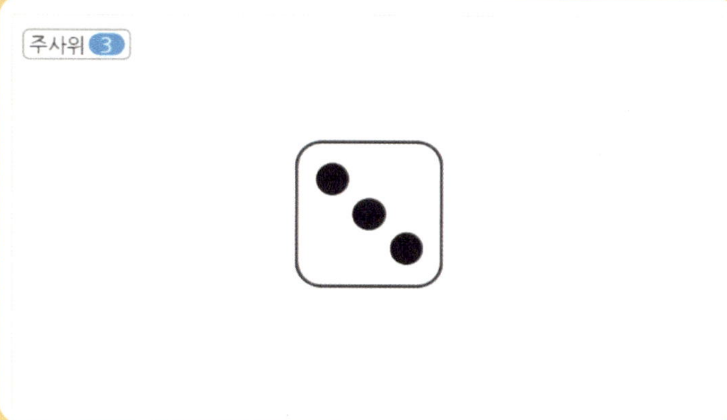

http://goo.gl/3LoI5R

주사위를 굴려서 나온 주사위의 면을 알려주는 프로그램입니다.

프로그램이 시작되면 사용자는 마우스를 클릭하여 주사위를 굴릴 수 있습니다. 주사위를 굴리면 1부터 6까지 주사위 면 중 하나의 면만 출력이 됩니다.

영역/난이도	수학 과학 / ★
사용개념	순차 / 이벤트 / 반복 / 변수

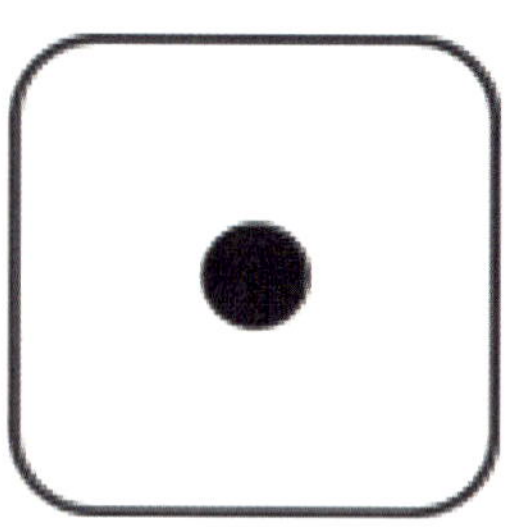

주사위 오브젝트

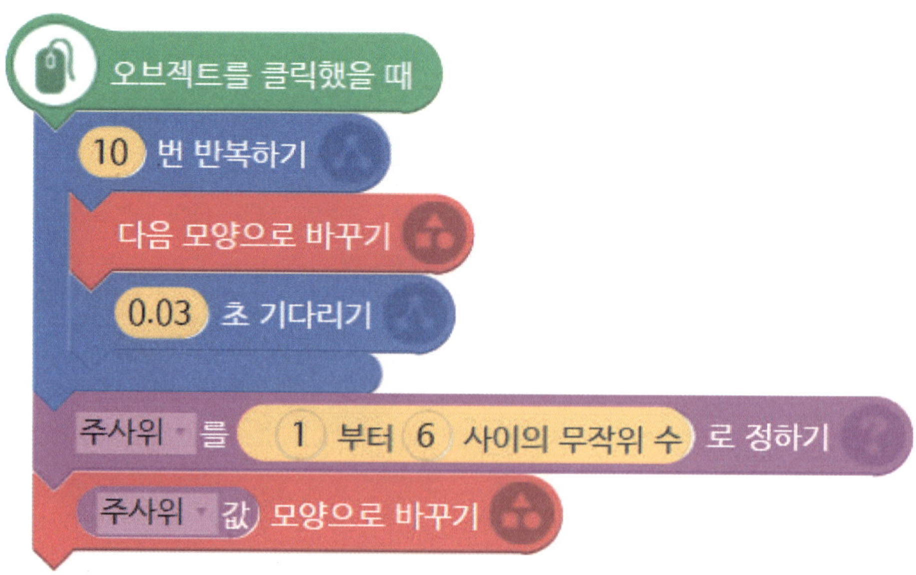

덧셈 로봇 만들기

http://goo.gl/9jwRLx

입력받은 두 숫자를 더하여 알려주는 프로그램입니다. 프로그램이 시작되면 사용자는 더할 두 숫자를 키보드로 입력합니다. 프로그램은 입력된 두 숫자를 더하여 나온 값을 화면에 출력합니다.

영역/난이도	수학 과학 / ★
사용개념	순차 / 변수 / 문자열(합치기)

로봇 오브젝트

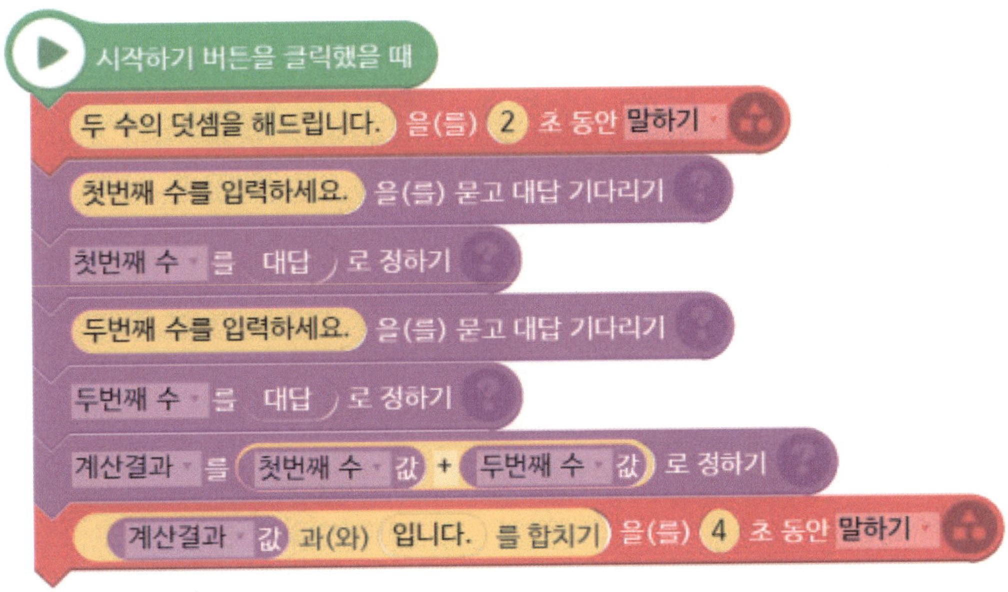

상하대칭 도형 그리기

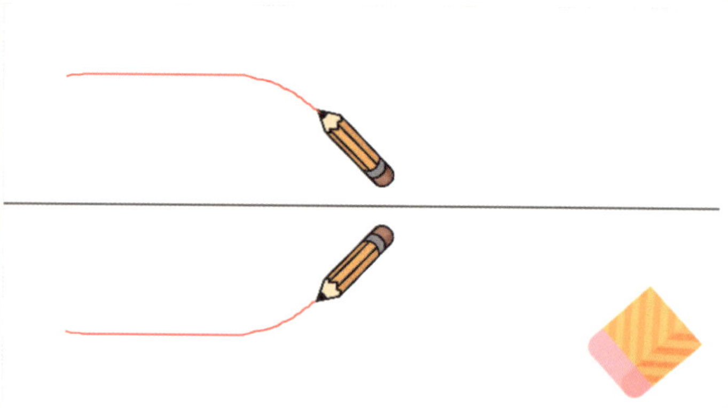

http://goo.gl/Rf4yOe

사용자가 그린 그림을 상하대칭하여 보여주는 프로그램입니다.

프로그램이 시작되면 사용자는 마우스를 클릭하여 그림을 그릴 수 있습니다. 이 때 프로그램은 사용자가 그린 그림을 위,아래로 대칭시켜 반대쪽에도 출력합니다.

영역/난이도	수학 과학 / ★★
사용개념	순차 / 반복 / 이벤트 / 복제 / 신호

연필 오브젝트

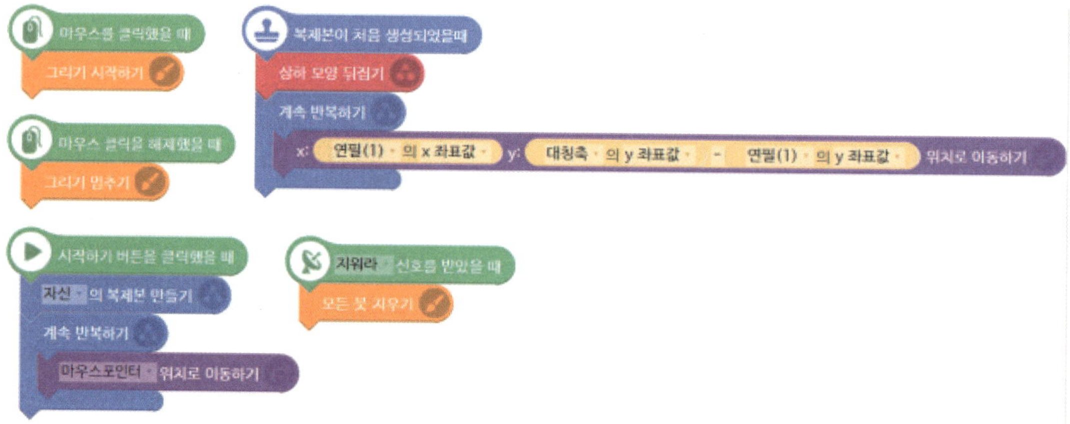

지우개 오브젝트

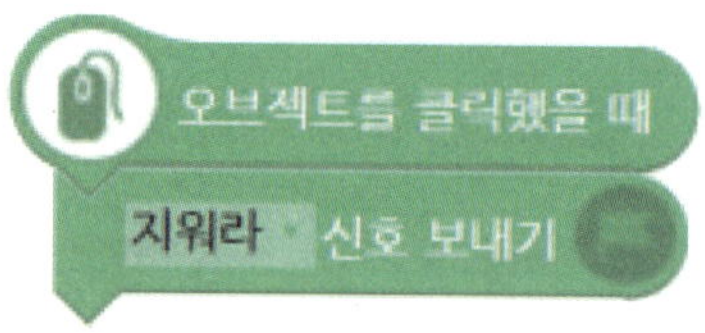

좌우대칭 도형 그리기

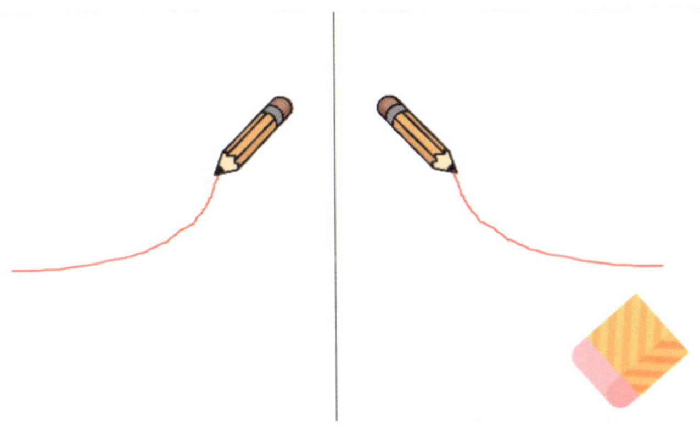

http://goo.gl/qaX0yd

사용자가 그린 그림을 좌우대칭하여 보여주는 프로그램입니다.

프로그램이 시작되면 사용자는 마우스를 클릭하여 그림을 그릴 수 있습니다. 이 때 프로그램은 사용자가 그린 그림을 좌, 우로 대칭시켜 반대쪽에도 출력합니다.

영역/난이도	수학 과학 / ★★
사용개념	순차 / 반복 / 이벤트 / 복제 / 신호

연필 오브젝트

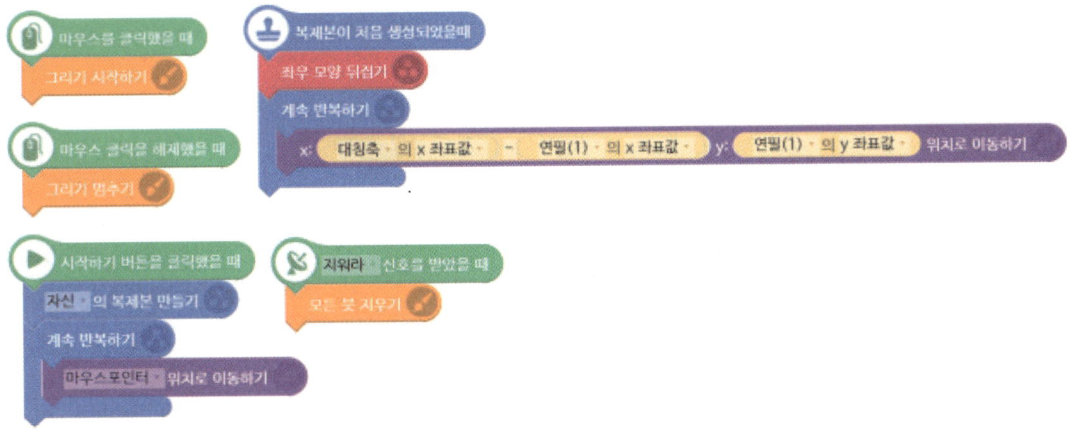

지우개 오브젝트

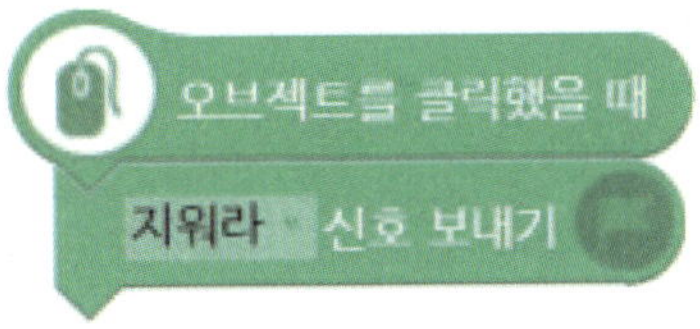

점대칭 도형 그리기

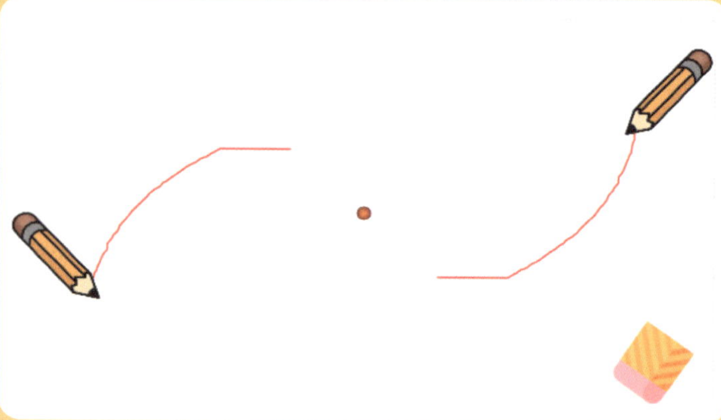

http://goo.gl/LLLz4u

사용자가 그린 그림을 점대칭하여 보여주는 프로그램입니다.

프로그램이 시작되면 사용자는 마우스를 클릭하여 그림을 그릴 수 있습니다. 이 때 프로그램은 사용자가 그린 그림을 화면 중앙에 있는 점을 기준으로 대칭시켜 반대쪽에도 출력합니다.

영역/난이도	수학 과학 / ★★
사용개념	순차 / 반복 / 이벤트 / 복제 / 신호

연필 오브젝트

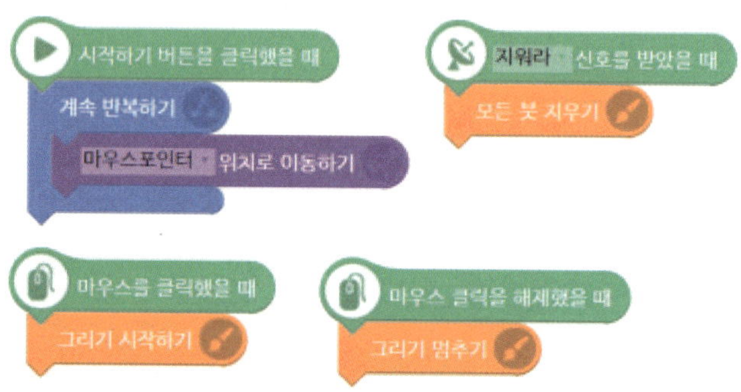

대칭 연필 오브젝트

지우개 오브젝트

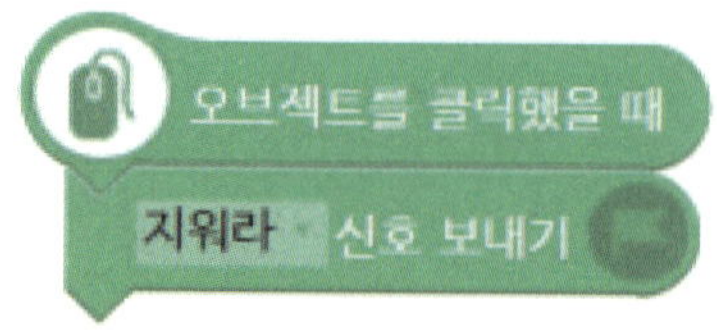

주사위 확률구하기

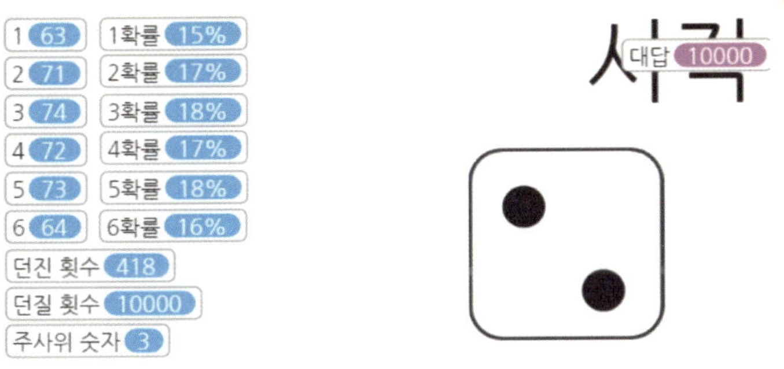

http://goo.gl/592O3A

사용자가 입력한 횟수에 따라 주사위를 굴려서 각각의 주사위 면이 나온 확률을 계산해주는 프로그램입니다.

프로그램이 시작되면 사용자는 주사위 굴릴 횟수를 키보드로 입력할 수 있습니다. 사용자가 입력한 횟수만큼 프로그램이 주사위를 굴리고 굴릴 때마다 나온 주사위 면을 세어 확률을 계산합니다.

영역/난이도	수학 과학 / ★★★
사용개념	순차 / 조건 / 반복 / 이벤트 / 신호 / 비교연산 / 변수 / 문자열(합치기)

글상자

시작 오브젝트

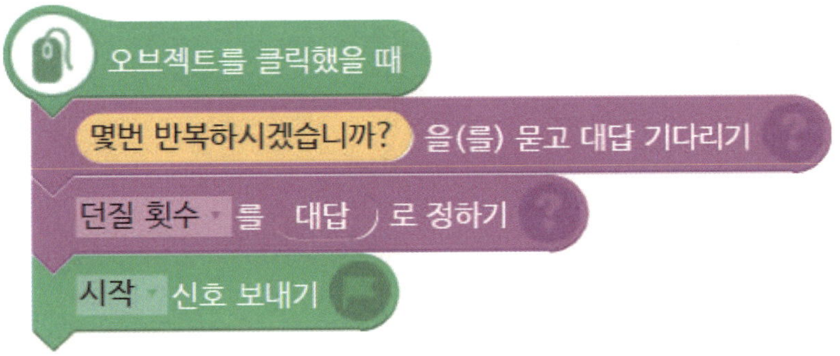

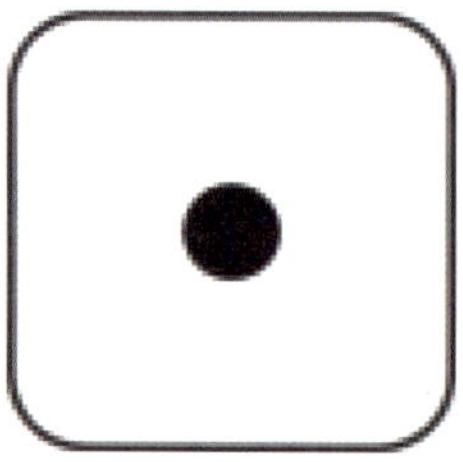

주사위 오브젝트

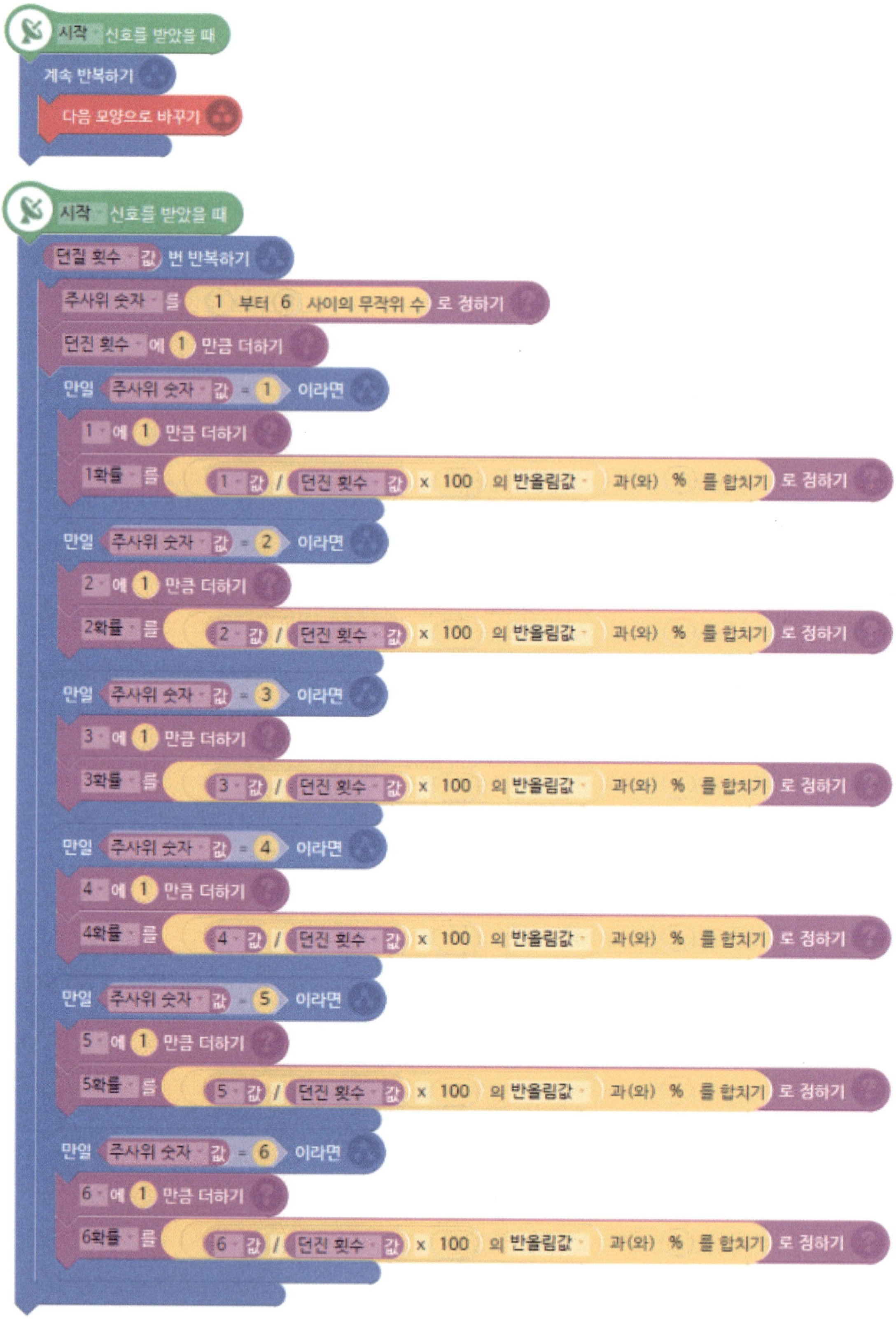
시작 신호를 받았을 때
계속 반복하기
다음 모양으로 바꾸기
시작 신호를 받았을 때
던질 횟수 값 번 반복하기
주사위 숫자 를 1 부터 6 사이의 무작위 수 로 정하기
던진 횟수 에 1 만큼 더하기
만일 주사위 숫자 값 = 1 이라면
1 에 1 만큼 더하기
1확률 를 1 값 / 던진 횟수 값 x 100 의 반올림값 과(와) % 를 합치기 로 정하기
만일 주사위 숫자 값 = 2 이라면
2 에 1 만큼 더하기
2확률 를 2 값 / 던진 횟수 값 x 100 의 반올림값 과(와) % 를 합치기 로 정하기
만일 주사위 숫자 값 = 3 이라면
3 에 1 만큼 더하기
3확률 를 3 값 / 던진 횟수 값 x 100 의 반올림값 과(와) % 를 합치기 로 정하기
만일 주사위 숫자 값 = 4 이라면
4 에 1 만큼 더하기
4확률 를 4 값 / 던진 횟수 값 x 100 의 반올림값 과(와) % 를 합치기 로 정하기
만일 주사위 숫자 값 = 5 이라면
5 에 1 만큼 더하기
5확률 를 5 값 / 던진 횟수 값 x 100 의 반올림값 과(와) % 를 합치기 로 정하기
만일 주사위 숫자 값 = 6 이라면
6 에 1 만큼 더하기
6확률 를 6 값 / 던진 횟수 값 x 100 의 반올림값 과(와) % 를 합치기 로 정하기

성적 평균 계산기

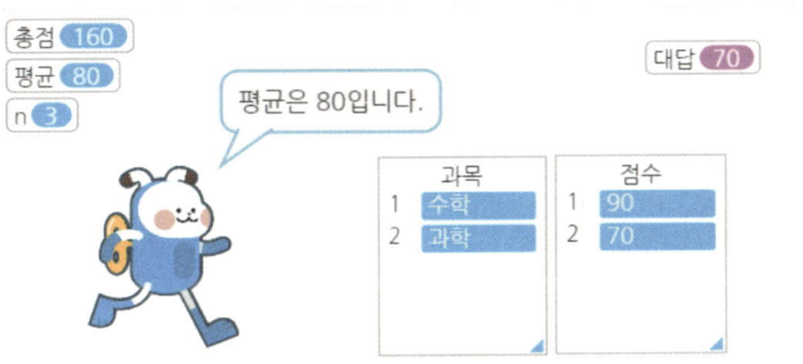

사용자가 시험을 본 과목이름과 각 과목별 점수를 입력하면 평균점수를 계산해주는 프로그램입니다.

프로그램이 시작되면 사용자는 과목 수만큼 과목 이름을 입력할 수 있습니다. 과목 이름의 입력이 끝나면 과목별로 점수를 입력할 수 있습니다. 모든 입력이 끝나면 프로그램은 사용자의 평균점수를 출력합니다.

http://goo.gl/gRliXg

영역/난이도	수학 과학 / ★★★
사용개념	순차 / 반복 / 조건 / 변수 / 비교연산 / 리스트 / 문자열(합치기)

엔트리봇 오브젝트

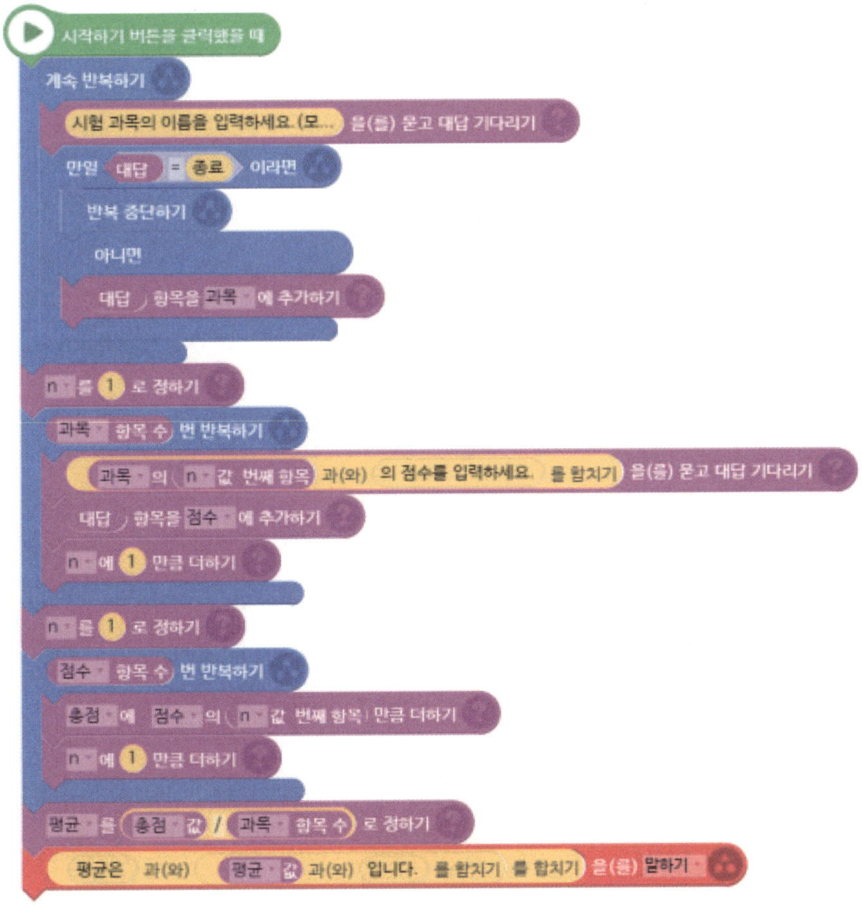

약수 구하기

http://goo.gl/qvGKc8

사용자가 입력한 숫자의 약수를 모두 구해주는 프로그램입니다.

프로그램이 시작되면 사용자는 키보드를 사용하여 어느 한 숫자를 입력할 수 있습니다. 프로그램은 입력한 숫자를 가지고 나올 수 있는 모든 약수를 리스트 변수에 저장을 하고 출력하게 됩니다.

영역/난이도	수학 과학 / ★★★
사용개념	순차 / 반복 / 조건 / 변수 / 비교연산 / 리스트

남자 선생님 오브젝트

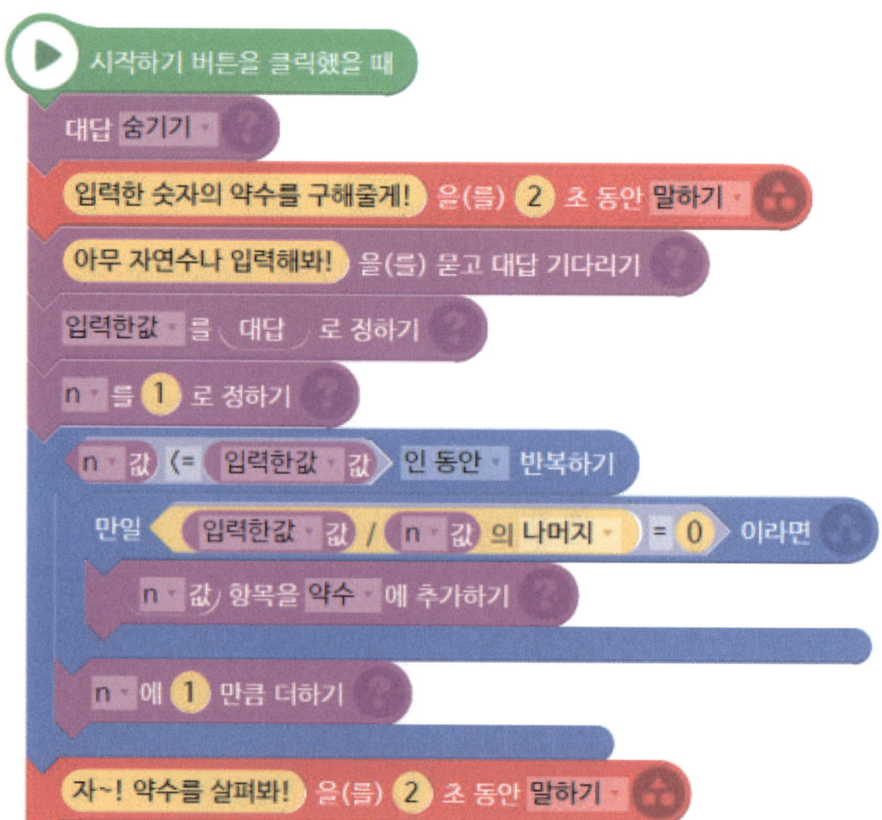

중력 시뮬레이션

http://goo.gl/2c8gcf

실제 중력의 원리를 이용한 중력 시뮬레이션 프로그램입니다.

프로그램이 시작되면 사용자는 키보드의 입력을 통하여 공을 위로 던질 수 있습니다. 올라간 공은 실제 중력을 받은 것처럼 점차 속도가 줄어들고 다시 내려오게 됩니다. 공은 바닥에 떨어지면 더 이상 내려가지 않습니다.

영역/난이도	수학 과학 / ★★★
사용개념	순차 / 반복 / 조건 / 신호 / 변수 / 중첩조건

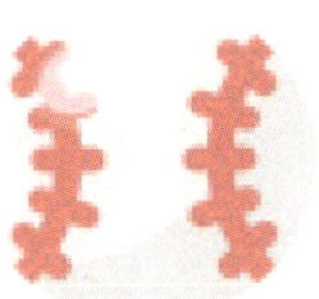

야구공 오브젝트

대포 시뮬레이션

사용자가 키보드로 대포를 쏘는 시뮬레이션 프로그램입니다.

프로그램이 시작되면 사용자는 대포의 각도와 힘을 키보드 입력을 통하여 조절할 수 있습니다. 조절한 후 키보드 스페이스바를 누르면 사용자가 조절한데로 대포가 달라가게 됩니다. 매번 바뀌는 바람의 세기에 대포도 영향을 받습니다.

http://goo.gl/xsbwJb

영역/난이도	수학 과학 / ★★★
사용개념	순차 / 반복 / 조건 / 이벤트 / 신호 / 변수

축구공 오브젝트

스페이스 키를 눌렀을 때
계속 반복하기
비행시간 에 0.2 만큼 더하기
x: x0 값 + 힘 값 x 비행시간 값 - 바람 값 x 비행시간 값 위치로 이동하기
y: y0 값 + 높이 값 - 중력 값 x 비행시간 값 x 비행시간 값 위치로 이동하기
만일 벽 에 닿았는가? 이라면
반복 중단하기
초기화 신호 보내기

로봇 청소기

http://goo.gl/RS7Unl

실제 로봇청소기의 원리를 이용한 로봇청소기 프로그램입니다.

프로그램이 시작되면 로봇청소기는 벽에 닿을때까지 직선으로 움직여 바닥을 청소합니다. 만일 로봇청소기가 벽에 닿는다면 로봇청소기가 회전하여 또 다시 벽에 닿을때까지 직선으로 움직여 바닥을 청소합니다.

영역/난이도	생활 학습 / ★
사용개념	순차 / 조건 / 반복

로봇 청소기 오브젝트

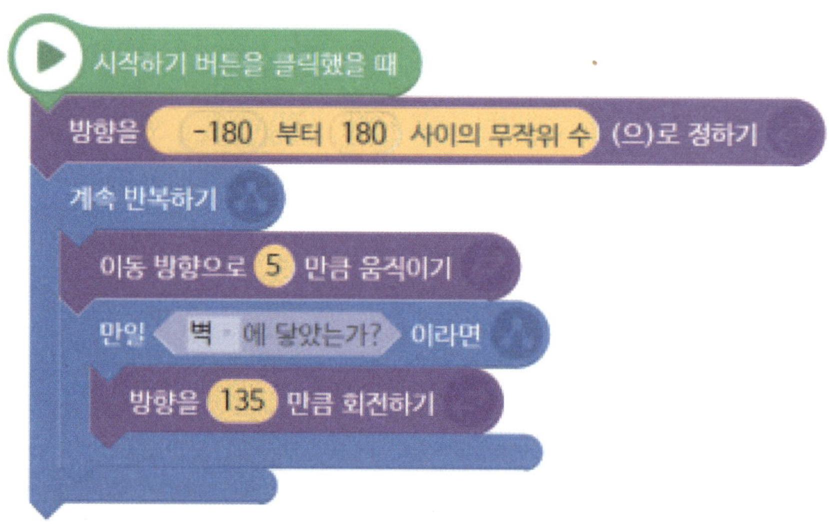

자동문 시뮬레이션

http://goo.gl/SYgFEs

사람이 지나갈 때에만 자동으로 문이 열리는 프로그램입니다.

프로그램이 시작되면 사람은 왼쪽에서 오른쪽으로 움직입니다. 사람이 문을 지나가기전에 자동문은 이를 감지하여 문을 열게 됩니다.

이 프로그램의 가장 큰 핵심은 사람의 몸이 화면에 보이는 센서에 닿았을 때 자동문이 문 여는 신호를 받는 것입니다.

영역/난이도	생활 학습 / ★
사용개념	순차 / 반복 / 조건 / 신호

센서 오브젝트

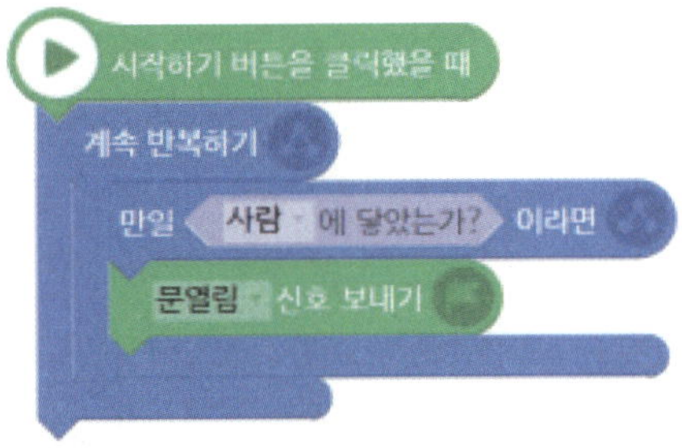

자동문 오브젝트

사람 오브젝트

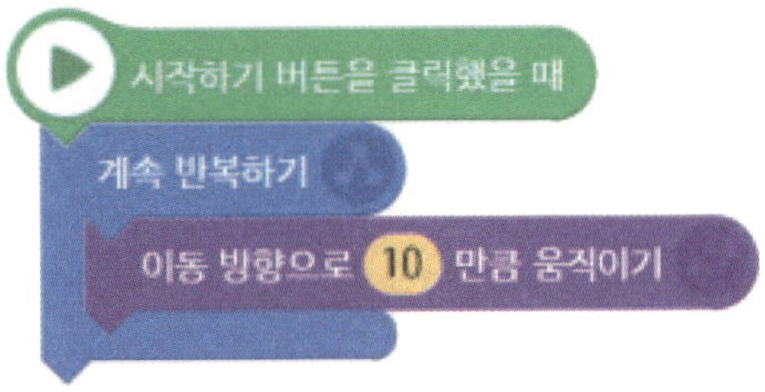

전자 도어락

http://goo.gl/vrXiCd

상자 비밀번호를 정확히 입력해야만 상자가 열리는 프로그램입니다.

프로그램이 시작되면 상자에서 비밀번호를 물어봅니다. 사용자는 상자 고유의 비밀번호를 정확히 입력을 한다면 상자를 열 수가 있고 그렇지 않는다면 열 수가 없습니다.

영역/난이도	생활 학습 / ★★
사용개념	순차 / 반복 / 조건 / 변수 / 비교연산

상자 오브젝트

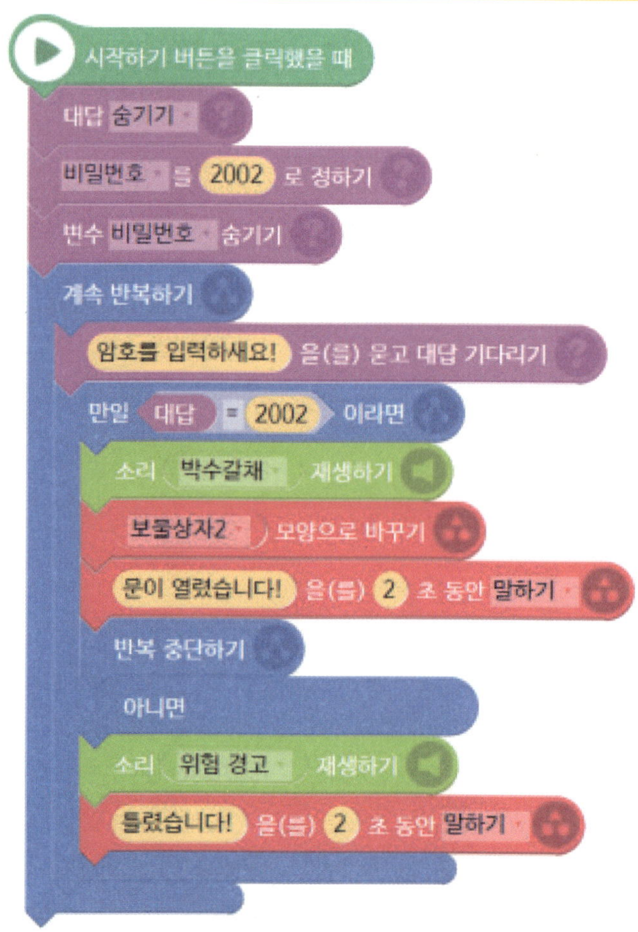

투표 프로그램

체험학습은 어디로?

우리반 총 인원 20
투표한 사람 20

결과보기

1. 서울 남산타워 9표
2. 경주 불국사 4표
3. 강원 양떼목장 4표
4. 경북 천문대 3표

http://goo.gl/nd3S38

키보드를 이용하여 투표를 한 후 결과를 출력해주는 프로그램입니다.

프로그램이 시작되면 사용자는 투표할 전체 인원의 수를 키보드로 입력합니다. 입력한 수만큼 투표 횟수가 주어지고 그 횟수만큼 투표가 이뤄집니다. 투표가 끝난 후 결과보기를 클릭하면 투표한 결과를 확인할 수 있습니다.

영역/난이도	생활 학습 / ★★★
사용개념	순차 / 조건 / 이벤트 / 신호 / 변수 / 비교연산

소피 오브젝트

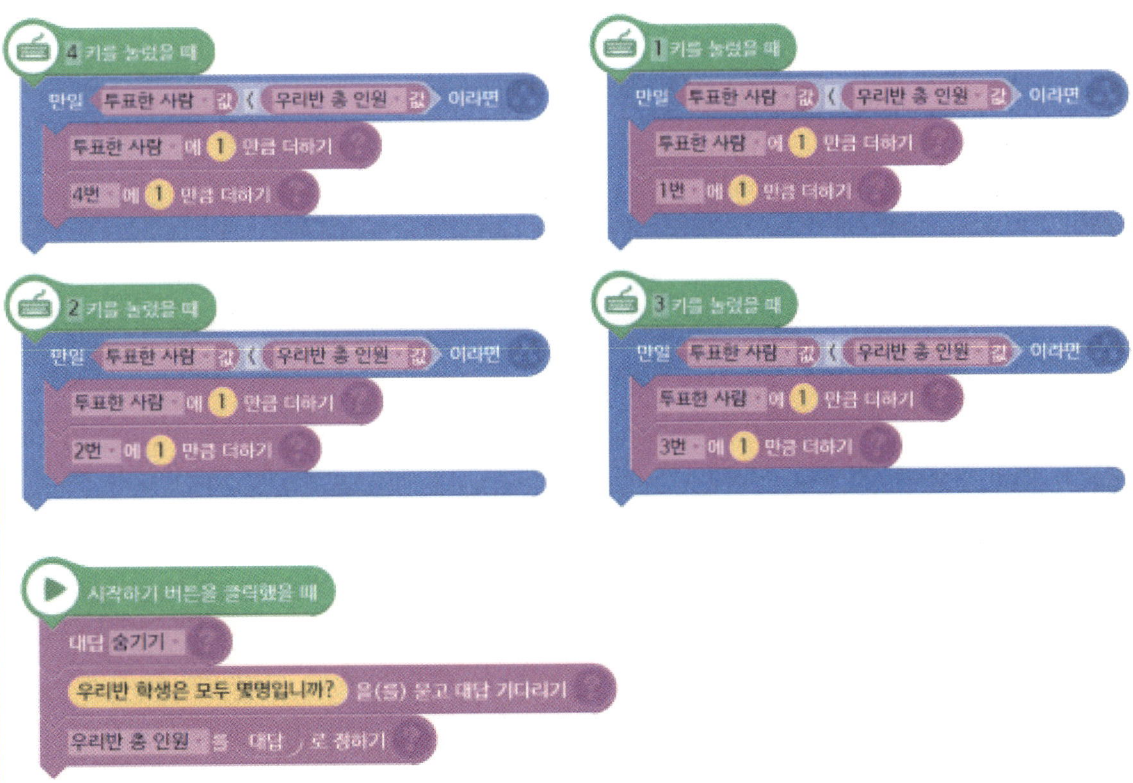

글상자

결과보기 오브젝트

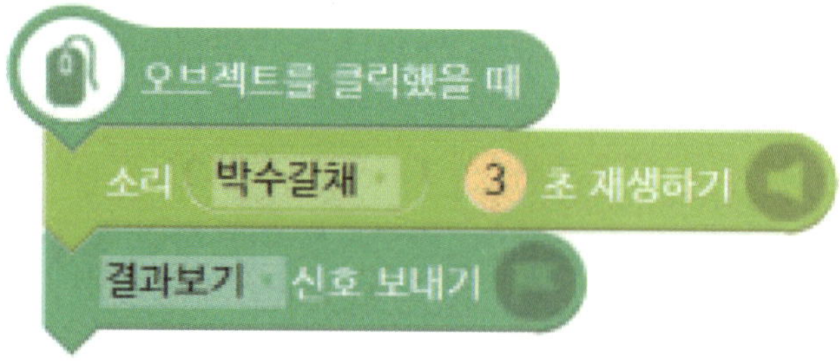

글상자

표 1, 2, 3, 4 오브젝트

자판기 시뮬레이션

http://goo.gl/5vbt2g

실제 자판기의 원리를 이용한 자판기 시뮬레이션 프로그램입니다.

프로그램이 시작되면 사용자는 먹고싶은 음료수를 마우스로 클릭하여 선택할 수 있습니다. 그리고 선택한 만큼의 금액을 키보드로 입력하면 음료수를 뽑을 수 있습니다. 선택한 만큼의 금액을 입력하지 않으면 자판기는 부족한 만큼 금액을 출력합니다.

영역/난이도	생활 학습 / ★★
사용개념	순차 / 조건 / 이벤트 / 변수 / 중첩조건 / 비교연산 / 문자열(합치기)

버튼 오브젝트

사이다 오브젝트

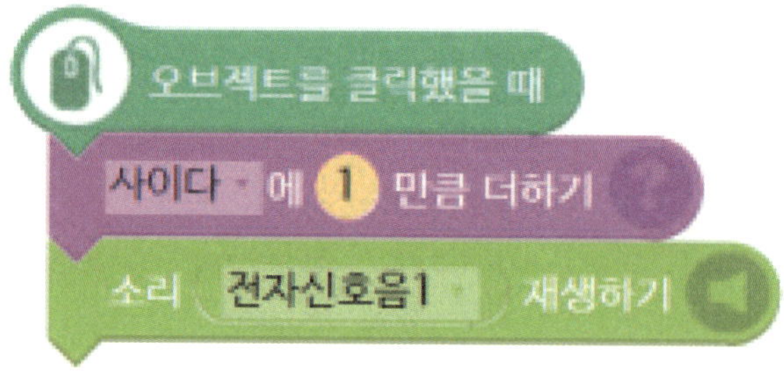

콜라 오브젝트

물 오브젝트

이야기 만들기

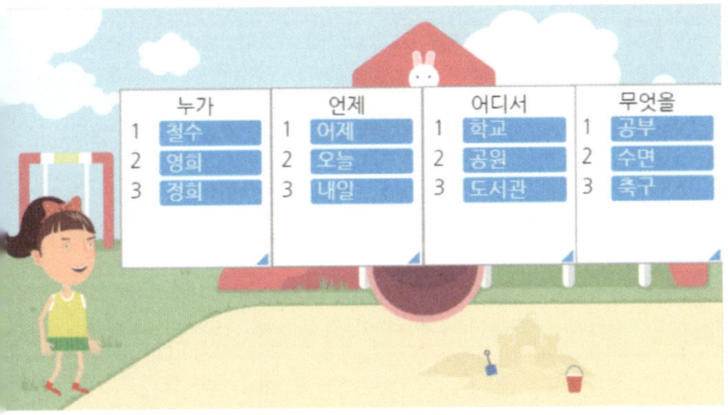

http://goo.gl/KMZFQh

사용자가 입력한 단어들을 조합하여 자동으로 이야기를 만들어주는 프로그램입니다.

프로그램이 시작되면 사용자는 "누가", "언제", "어디", "무엇을" 카테고리 안에 단어 후보들을 입력할 수 있습니다. 입력이 끝나고 소녀를 클릭하면 프로그램이 자동으로 각각의 카테고리 안에서 하나씩 임의로 가져와 이야기를 만들어 줍니다.

영역/난이도	생활 학습 / ★★
사용개념	순차 / 반복 / 이벤트 / 변수 / 리스트 / 문자열(합치기)

소녀 오브젝트

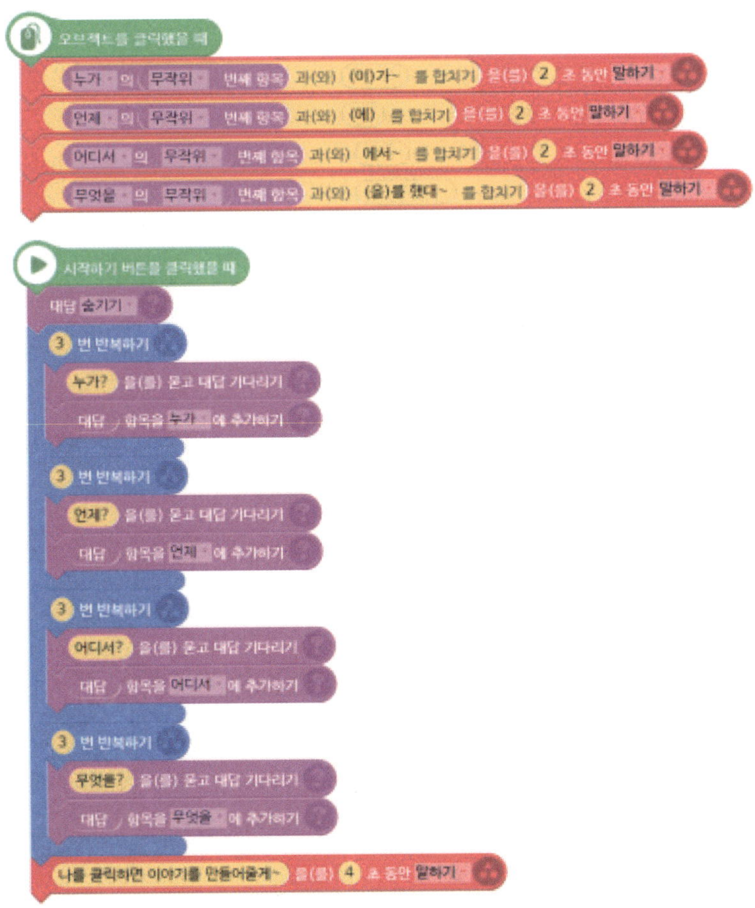

버킷리스트 만들기

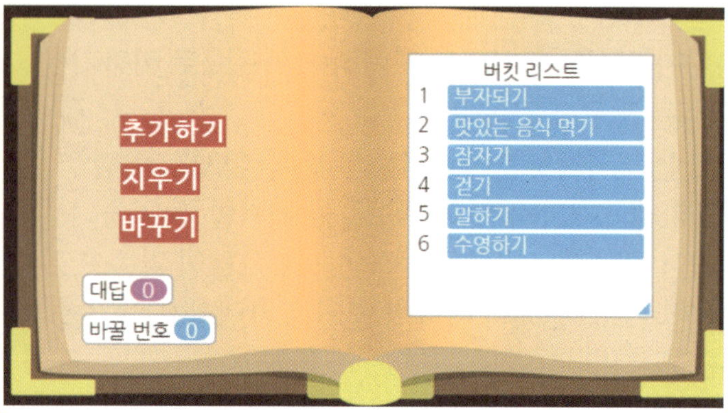

http://goo.gl/rNDvaA

사용자가 하고싶은 소망을 리스트에 적어 보관할 수 있는 프로그램입니다.

프로그램이 시작되면 현재까지의 버킷리스트가 적혀있습니다. 사용자는 버킷리스트를 "추가하기", "지우기", "바꾸기" 버튼을 마우스로 클릭하면 해당 기능을 수행할 수 있습니다. "추가하기"를 클릭하고 새로운 소망을 키보드로 입력하면 새로운 소망이 리스트에 추가가 되며, "지우기"를 클릭하고 리스트 번호를 키보드로 입력하면 해당 번호의 소망이 지워지며, "바꾸기"를 클릭하고 리스트 번호와 바꿀 소망을 키보드로 입력하면 해당 번호의 소망이 바뀌게 됩니다.

영역/난이도	생활 학습 / ★★
사용개념	순차 / 이벤트 / 변수 / 리스트

글상자

추가하기 오브젝트

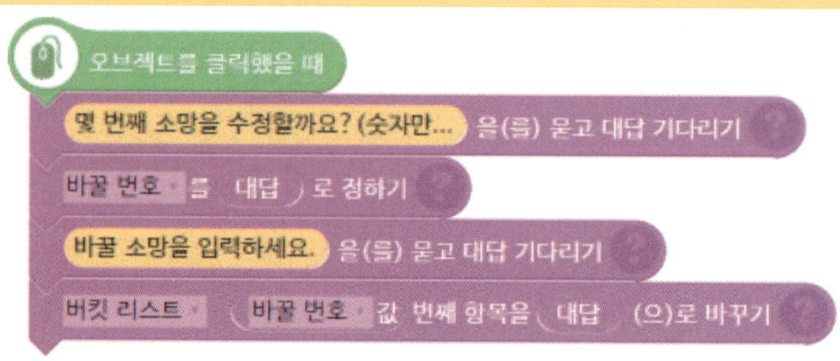

글상자

지우기 오브젝트

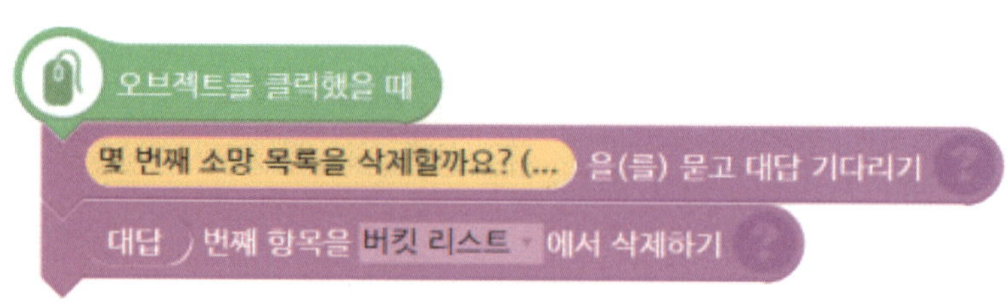

글상자

바꾸기 오브젝트

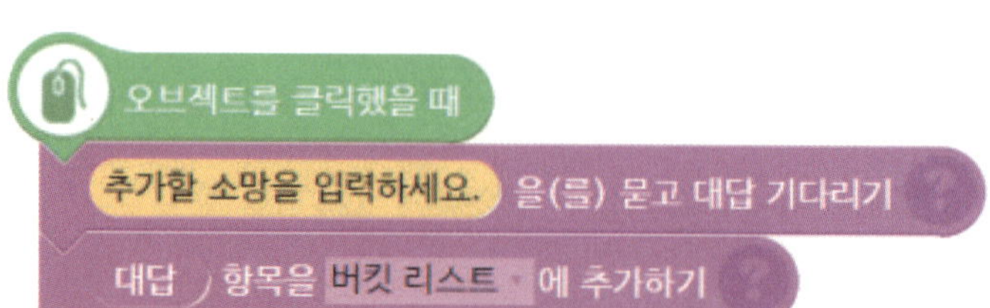

주차 연습 시뮬레이션

http://goo.gl/fPxRM0

키보드로 자동차를 움직여서 주차연습을 할 수 있는 주차 시뮬레이션 프로그램입니다.

프로그램이 시작되면 사용자는 키보드의 방향키를 이용하여 자동차를 움직일 수 있습니다. 만일 자동차가 움직이는 도중에 벽에 닿는다면 프로그램은 실패 매세지를 출력하지만 벽에 닿지 않고 해당 주차공간 안에 주차하게 된다면 성공메세지를 출력합니다.

영역/난이도	생활 학습 / ★★
사용개념	순차 / 반복 / 조건 / 논리연산

자동차 오브젝트

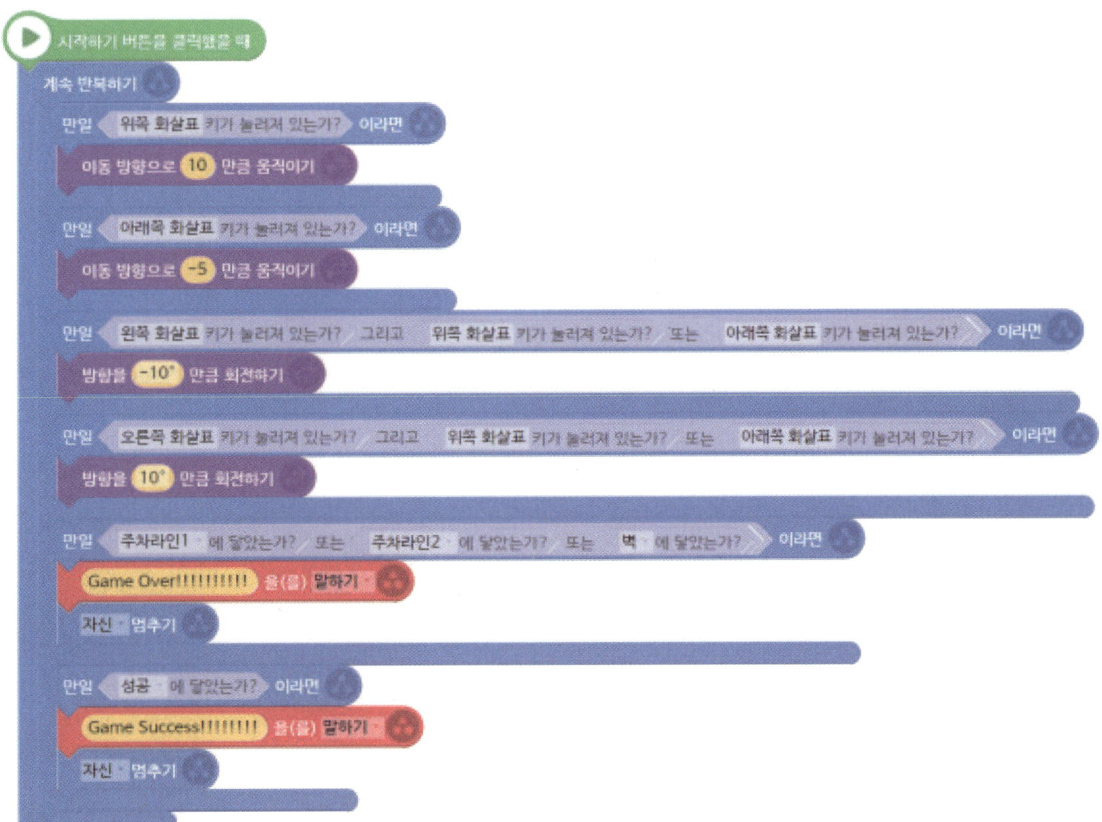

발표자 2명 뽑기

http://goo.gl/yUbX3y

발표자 2명을 자동으로 뽑아주는 프로그램입니다.

프로그램이 시작되면 사용자는 발표자 후보 인원 수를 입력합니다. 입력한 수만큼 발표자 후보의 이름을 입력합니다. 이름입력이 끝난 후에 선생님 캐릭터를 마우스로 클릭하면 프로그램은 무작위로 선정된 발표자 2명을 출력합니다.

영역/난이도	생활 학습 / ★★
사용개념	순차 / 반복 / 이벤트 / 변수 / 리스트

선생님 오브젝트

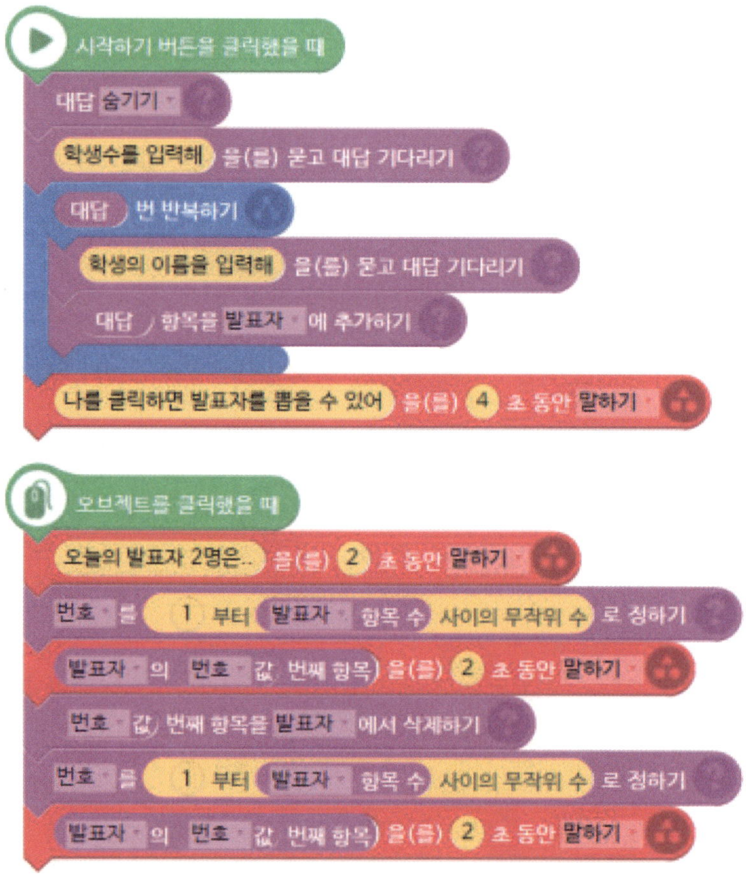

퀴즈 만들고 맞히기

http://goo.gl/fM9vh9

사용자가 문제와 답을 직접 입력하면 다른 사람이 그 문제를 풀 수 있는 프로그램입니다.

프로그램이 시작되면 사용자는 문제와 답을 입력할 수 있습니다. 입력이 끝나면 퀴즈 풀기 버튼을 이용하여 본인이 입력한 질문에 답할 수 있습니다.

영역/난이도	생활 학습 / ★★
사용개념	순차 / 조건 / 이벤트 / 신호 / 변수 / 비교연산 / 리스트

박사 오브젝트

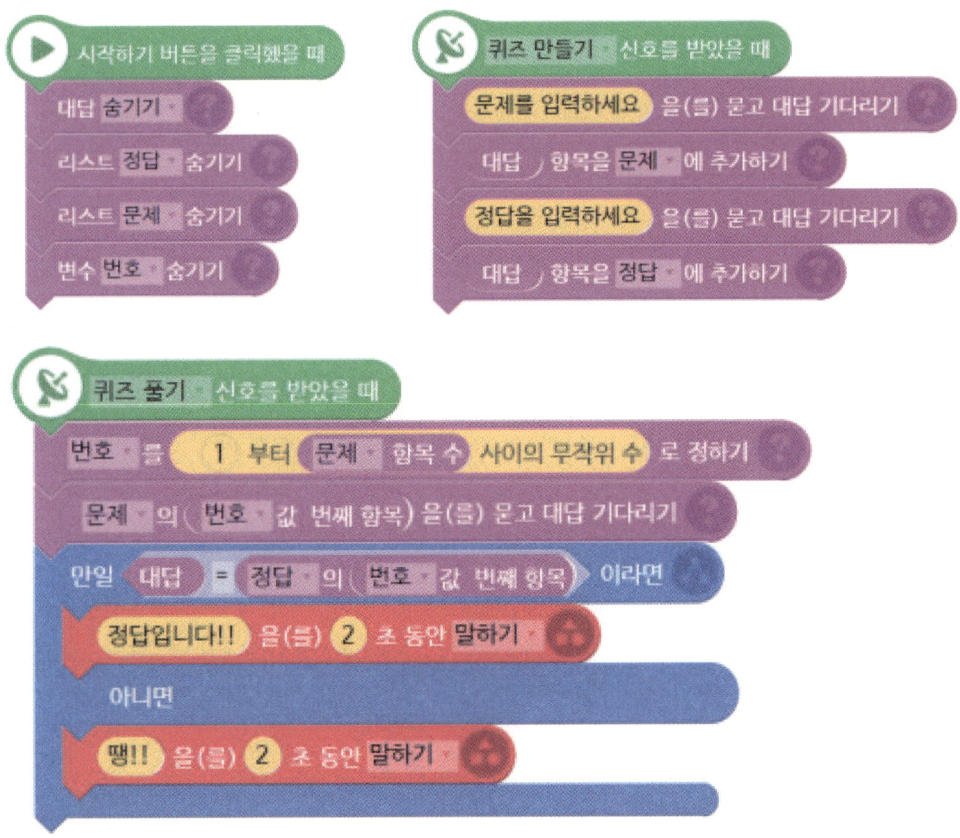

글상자

퀴즈 만들기 오브젝트

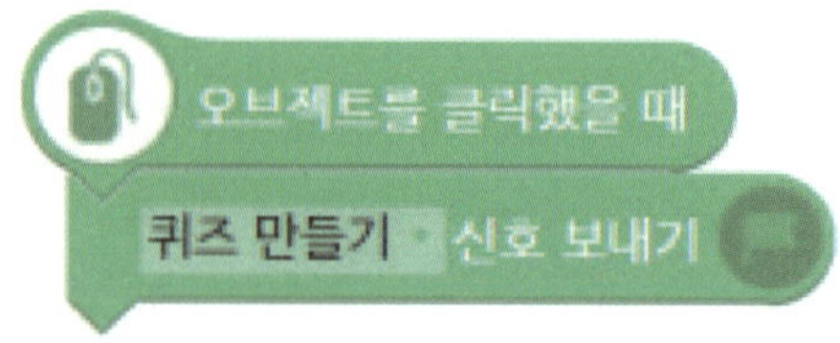

글상자

퀴즈 풀기 오브젝트

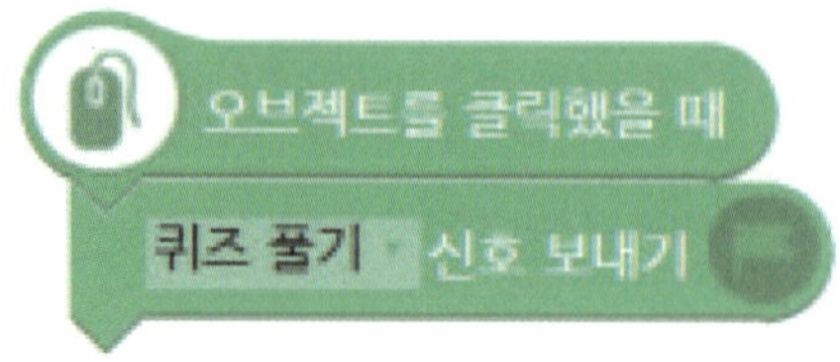

도서관 책 검사하기

http://goo.gl/o8UDl0

사용자가 찾고자 하는 책 이름을 입력하면 책이 어디에 있는지 알려주는 프로그램입니다.

프로그램이 시작되면 사용자는 찾고자 하는 책의 이름을 입력합니다. 프로그램은 사용자가 입력한 책의 이름으로 책 리스트에서 책을 찾고 해당 책의 번호를 출력합니다.

영역/난이도	생활 학습 / ★★★
사용개념	순차 / 반복 / 조건 / 변수 / 비교연산 / 리스트 / 문자열(합치기)

도서관 사서 오브젝트

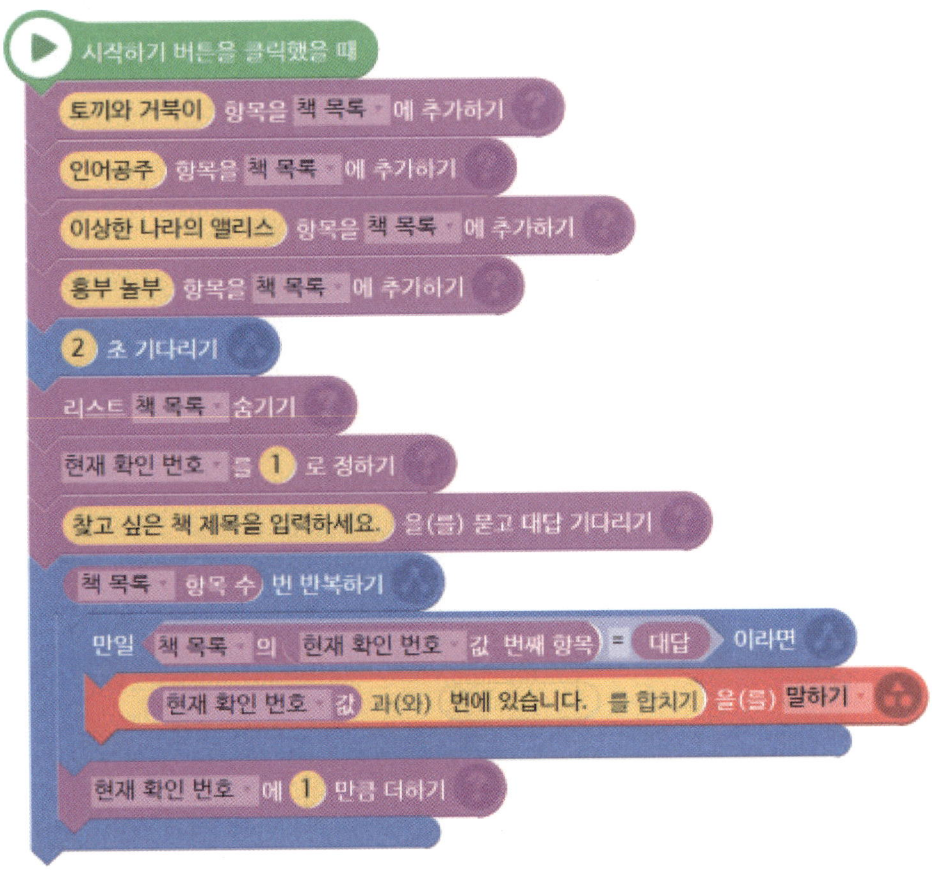

자동 일기예보 시스템

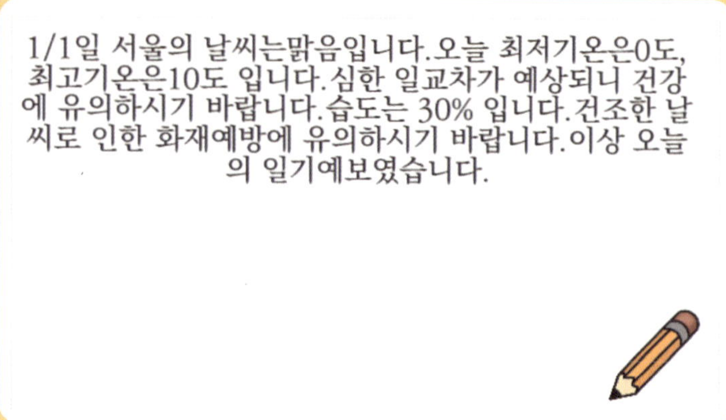

http://goo.gl/CLxsbM

날씨의 핵심 정보만 입력하면 전체 일기예보를 작성해주는 시스템입니다.

프로그램이 시작되면 사용자는 지역, 날짜, 온도 등 날씨의 핵심 정보를 입력할 수 있습니다. 입력이 모두 완료되면 프로그램은 자동으로 일기예보를 작성하여 출력합니다.

영역/난이도	생활 학습 / ★★★
사용개념	순차 / 조건 / 이벤트 / 신호 / 변수 / 비교연산 / 문자열(합치기)

연필 오브젝트

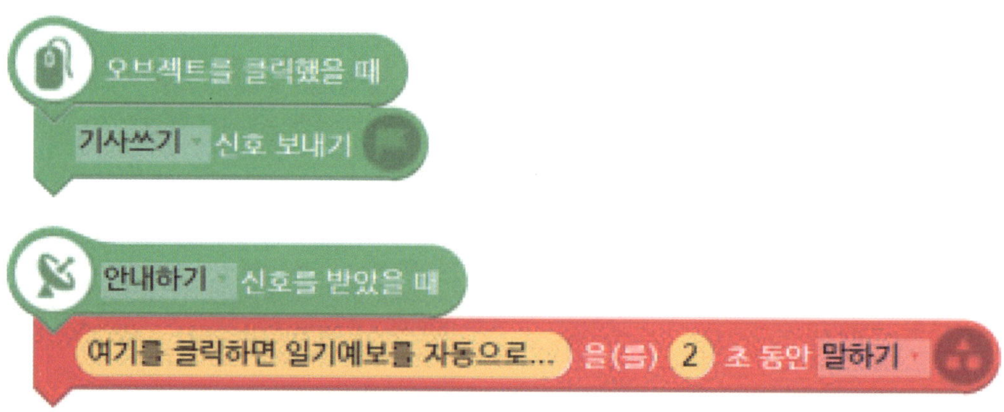

글상자

일기예보 오브젝트

소프트웨어 교육의 첫걸음 entry

엔트리(play-entry.org)는 비영리로 운영되는 소프트웨어 교육 플랫폼입니다.

엔트리 교육연구소

엔트리교육연구소는 NAVER 와 CONNECT 재단에서 후원하는 비영리 소프트웨어 교육 기관입니다. 국내 소프트웨어 교육의 저변확대를 위한 다양한 온라인 교육 콘텐츠를 개발하고 연구하고 있으며, 오픈소스 정책을 통해 소프트웨어 교육 생태계 조성에 앞장서고 있습니다.

엔트리

엔트리는 학생들은 소프트웨어를 쉽고 재미있게 학습하고, 선생님들은 효과적으로 학생들을 가르칠 수 있는 소프트웨어 교육 플랫폼입니다.

현재 월 10만여 명(2015년 12월 기준)의 학생들이 엔트리를 통해 소프트웨어를 배우고 있으며, 다수의 SW교육 선도/연구학교에서 엔트리를 채택하여 교육을 하고 있습니다.

학습하기

재미있게 배우는 학습공간

〈 학습하기 〉에서는 컴퓨터를 활용해 논리적으로 문제를 해결할 수 있는 다양한 학습 콘텐츠가 준비되어 있습니다. 게임을 하듯이 주어진 미션들을 컴퓨터 프로그래밍으로 해결해볼 수도 있고 재미있는 동영상으로 소프트웨어의 원리를 배울 수 도 있습니다.

만들기

창작의 즐거움

〈 만들기 〉는 미국 MIT에서 개발한 Scratch와 같은 비주얼 프로그래밍 언어를 사용하여 프로그래밍을 처음 접하는 사람들도 쉽게 자신만의 창작물을 만들 수 있습니다.

구경하기

공유와 협약

〈 구경하기 〉에서는 엔트리를 통해 제작한 작품을 다른 사람들과 쉽게 공유할 수 있습니다. 또한 공유된 작품이 어떻게 구성되었는지 살펴볼 수 있고, 이를 발전시켜 자신만의 작품을 만들 수 있습니다. 그리고 엔트리에서는 공동 창작도 가능합니다. 친구들과 협업하여 더 멋진 작품을 만들어볼 수 있습니다.

교육 자료

엔트리교육연구소에서는 소프트웨어 교육을 위한 다양한 교육 자료를 제작하고 무상으로 배포하고 있습니다. 모든 자료는 엔트리 공식 블로그에서 다운받으실 수 있으며, CC BY 라이센스를 적용하여 자유로운 수정 및 재배포가 가능합니다.

수준별 교재

엔트리에서는 초급, 중급, 고급으로 나누어 수준별 교재를 제공합니다. 초급은 초등학교 3-4학년, 중급은 5-6학년, 고급은 중등 이상의 학생들에게 추천합니다. 차근차근 따라하며 쉽게 엔트리를 익혀보세요!

EBS 소프트웨어야 놀자 방송 연계 교안

엔트리에서는 EBS 소프트웨어야 놀자 방송의 내용을 실습해볼 수 있습니다. 방송영상, 코딩 특별영상과 함께 교사용 수업 지도안도 함께 제공하니 우리 교실에서도 '소프트웨어야 놀자'를 진행해보세요!

초 중등 교과 연계 수업자료

국어, 수학, 과학, 사회 등 다양한 과목에서 만나는 실생활 문제를 컴퓨팅 사고력으로 해결하는 경험을 해 보세요. 최신 교육과정에 맞춘 13개의 콘텐츠와 교안을 공개합니다!

피지컬컴퓨팅 수업 자료

엔트리와 연결되는 다양한 피지컬 컴퓨팅을 경험해보세요. 지원되는 다양한 하드웨어와 관련된 콘텐츠 교재가 지속적으로 업로드됩니다!

더 많은 자료들

엔트리	play-entry.org
엔트리 공식 블로그	blog.naver.com/entrylabs
엔트리 공식 TV캐스트 채널	tvcast.naver.com/entrytv
엔트리 공식 포스트	post.naver.com/entrylabs

entry

| 누구나 쉽고 재미있게 배울 수 있는 소프트웨어! |

교육에 바로 활용가능한
엔트리 콘텐츠 모음

발행일 2018년 2월 20일
인쇄일 2018년 2월 15일
엮음 편집부
발행처 WHYBOOKS® ㈜와이북스

등록 제390-2011-000012호
주소 세종시 조치원읍 문화2길 52, 307호
대표전화 031-976-3555
팩스 0303-3444-1956
홈페이지 www.whybooks.co.kr
E-mail whybooks@whybooks.co.kr

ISBN 979-11-88614-05-9 (03000)
정가 12,000원

※이 책은 엔트리교육연구소에서 개발한 "교육에 바로 활용가능한 엔트리 콘텐츠 모음"을 토대로 만들어진 엔트리 프로그램 입니다.

entry